聖徳記念絵画館
オフィシャルガイド

〜幕末・明治を一望する〜

明治神宮外苑・編

東京書籍

=== はじめに ===

　本書、『聖徳記念絵画館オフィシャルガイド』は、聖徳記念絵画館とはいったいどのような施設かをわかりやすくお伝えし、その魅力を広く知っていただくための、初の公式ガイドブックです。

　本書は3つの章から構成されています。

　1章の「数で知る聖徳記念絵画館」では、工事の開始年、建物の大きさ、画家の人数など、絵画館にまつわるさまざまな数字を起点にしながら、聖徳記念絵画館の設立の目的や経緯などの概要を説明しています。
　2章の「聖徳記念絵画館　全80点」では、絵画館に展示されている80点の壁画には何が描かれているかの簡潔な解説を、画家や奉納者などの基本データや見どころなどとともに紹介しています。
　3章の「3点で知る幕末・明治と壁画秘話」では、衣装の変遷や乗り物、画家など、さまざまなテーマ設定ごとに、壁画を3点ずつセットでセレクトして、当時の文化や時代状況などを作品横断的に解説しています。

壁画は全部で80点あり、描かれている場面・時代が古いものから順に1〜80の番号がふられています。本書のメインとなる2章「聖徳記念絵画館全80点」もこの順に並んでいます。別の章で壁画の題名を引用するときには、タイトルの後ろにカッコでこの番号を記してありますので、参照しながら読んでいただけると理解が一層深まると思います。

　明治天皇のご生涯を軸に、幕末から明治の日本を当代一流の画家たちが描いた80点の巨大壁画。それを昭和初期から変わることなく展示し続けてきた聖徳記念絵画館は、他に類のない施設だと自負しています。

　本書は、明治神宮外苑創建90周年を記念する出版となります。本書を手にされた方に、聖徳記念絵画館の魅力を感じていただければ、幸いです。

明治神宮外苑　聖徳記念絵画館

※本書持参で聖徳記念絵画館に一回入館できます。詳しくはカバーの折り返しをご覧ください。
※表記について
　漢字の表記は一部固有名詞を除き、原則的に新字を用いた。年代の表記は、算用数字を用いて原則的に元号とし、2章のデータ部分のみ西暦をカッコで併記した。また日付は、明治5年までの記述は旧暦とし、必要に応じて新暦を併記した。年齢は原則的に満年齢で表記した。

聖徳記念絵画館オフィシャルガイド　目次

はじめに ……2

1章　数で知る聖徳記念絵画館

- ❶ 156点（設計図案の応募総数）……10
- ❷ 大正10年（主体工事が始まった年）……12
- ❸ 7年（建物の完成に要した年月）……14
- ❹ 112m（聖徳記念絵画館の横幅）……16
- ❺ 27m（中央ホールの天井までの高さ）……18
- ❻ 108年（いちょうの樹齢）……20
- ❼ 146本（いちょうの本数）……22
- ❽ 3m×2.7m（壁画の大きさ）……24
- ❾ 80点（壁画の総点数）……26
- ❿ 76人（画家の人数）……28
- ⓫ 5点（最初に奉納された壁画の点数）……30
- ⓬ 12年（岡田三郎助と和田英作が壁画制作に費やした年月）……32
- ⓭ 800人（「西南役熊本籠城」のために協力した歩兵の数）……34
- ⓮ 嘉永5年〜大正元年（80点の壁画が描く年代）……36
- ⓯ 5分（最寄り駅から聖徳記念絵画館まで歩くとかかる時間）……38

2章　聖徳記念絵画館 全80点
PART 1　日本画全40点

1　御降誕 ……42
2　御深曾木 ……43
3　立親王宣下 ……44
4　践祚 ……45
5　大政奉還 ……46
6　王政復古 ……47
7　伏見鳥羽戦 ……48
8　御元服 ……49
9　二条城太政官代行幸 ……50
10　大総督熾仁親王京都進発 ……51
11　各国公使召見 ……52
12　五箇條御誓文 ……53
13　江戸開城談判 ……54
14　大阪行幸諸藩軍艦御覧 ……55
15　即位礼 ……56
16　農民収穫御覧 ……57
17　東京御着輦 ……58
18　皇后冊立 ……59
19　神宮親謁 ……60
20　廃藩置県 ……61
21　岩倉大使欧米派遣 ……62
22　大嘗祭 ……63
23　中国西国巡幸長崎御入港 ……64
24　中国西国巡幸鹿児島着御 ……65
25　京浜鉄道開業式行幸 ……66
26　琉球藩設置 ……67
27　習志野之原演習行幸 ……68
28　富岡製糸場行啓 ……69
29　御練兵 ……70
30　侍講進講 ……71
31　徳川邸行幸 ……72
32　皇后宮田植御覧 ……73
33　地方官会議臨御 ……74
34　女子師範学校行啓 ……75
35　奥羽巡幸馬匹御覧 ……76
36　畝傍陵親謁 ……77
37　西南役熊本籠城 ……78
38　内国勧業博覧会行幸啓 ……79
39　能楽御覧 ……80
40　初雁の御歌 ……81

PART 2　洋画全40点

- 41　グラント将軍と御対話 ……84
- 42　北海道巡幸屯田兵御覧 ……85
- 43　山形秋田巡幸鉱山御覧 ……86
- 44　兌換制度御治定 ……87
- 45　軍人勅諭下賜 ……88
- 46　条約改正会議 ……89
- 47　岩倉邸行幸 ……90
- 48　華族女学校行啓 ……91
- 49　東京慈恵医院行啓 ……92
- 50　枢密院憲法会議 ……93
- 51　憲法発布式 ……94
- 52　憲法発布観兵式行幸啓 ……95
- 53　歌御会始 ……96
- 54　陸海軍大演習御統監 ……97
- 55　教育勅語下賜 ……98
- 56　帝国議会開院式臨御 ……99
- 57　大婚二十五年祝典 ……100
- 58　日清役平壌戦 ……101
- 59　日清役黄海海戦 ……102
- 60　広島大本営軍務親裁 ……103
- 61　広島予備病院行啓 ……104
- 62　下関講和談判 ……105
- 63　台湾鎮定 ……106
- 64　靖國神社行幸 ……107
- 65　振天府 ……108
- 66　日英同盟 ……109
- 67　赤十字社総会行啓 ……110
- 68　対露宣戦御前会議 ……111
- 69　日露役旅順開城 ……112
- 70　日露役奉天戦 ……113
- 71　日露役日本海海戦 ……114
- 72　ポーツマス講和談判 ……115
- 73　凱旋観艦式 ……116
- 74　凱旋観兵式 ……117
- 75　樺太国境画定 ……118
- 76　観菊会 ……119
- 77　日韓合邦 ……120
- 78　東京帝国大学行幸 ……121
- 79　不豫 ……122
- 80　大葬 ……123

3章　3点で知る幕末・明治と壁画秘話

1. 明治天皇、服装の変化 ……126
2. 昭憲皇太后、服装の変化 ……128
3. 天皇の乗り物 ……130
4. さまざまな旗 ……132
5. 明治はじめて物語 ……134
6. 女子教育のパイオニア ……136
7. 西郷隆盛の魅力 ……138
8. 訪れることができる部屋 ……140
9. イメージされた壁画 ……142
10. 巨匠、若き日の作品 ……144
11. 広告デザイナーとしての画家 ……146
12. 3作描いた画家、小堀鞆音 ……148
13. 知られざる画家の交友録 ……150
14. 画家、最期のドラマ ……152
15. 壁画を保存、修復するということ ……154

皇室用語集 ……8
クイズ 探してみよう ……124
スタッフが好きな3点 ……156

皇室用語集

　　皇室に関わる用語は、特別なものがいくつかあります。
本書に登場するものを中心に、そのいくつかをご紹介しておきます。

- ◆ **行幸**（ぎょうこう）　……天皇が外出されること。
- ◆ **巡幸**（じゅんこう）　……行幸が数カ所あること。
- ◆ **還幸**（かんこう）　……天皇が行幸先からお帰りになること。
- ◆ **行啓**（ぎょうけい）　……皇后、皇太后、皇太子、同妃が外出されること。
- ◆ **行幸啓**（ぎょうこうけい）　……天皇と皇后が一緒に外出されること。
- ◆ **行在所**（あんざいしょ）　……天皇が行幸した際の仮の住まい。
- ◆ **供奉**（ぐぶ）　……行幸、行啓にお供すること。
- ◆ **下賜**（かし）　……天皇、皇后が物品をお授けになること。
- ◆ **天覧**（てんらん）　……天皇がご覧になること。
- ◆ **親謁**（しんえつ）　……天皇が参拝されること。
- ◆ **親裁**（しんさい）　……天皇が自ら裁断を下されること。
- ◆ **勅語**（ちょくご）　……天皇のおことば。
- ◆ **御製**（ぎょせい）　……天皇がお詠みになった短歌。
- ◆ **上奏**（じょうそう）　……天皇に裁可を仰ぐこと。
- ◆ **奏上**（そうじょう）　……天皇にご報告申し上げること。
- ◆ **出御**（しゅつぎょ）　……天皇、皇后がお出ましになること。
- ◆ **着御**（ちゃくぎょ）　……天皇、皇后がお着きになること。

＊「下賜」「出御」「着御」は、皇太后、皇太子、皇太子妃にも用いられます。

1章
数で知る聖徳記念絵画館

建物の横幅、壁画の大きさ、画家の人数など、
様々な数から読み解く
「聖徳記念絵画館とは何か？」

156点

設計図案の応募総数

明治45年7月30日、明治天皇は崩御になりました。御陵は京都の伏見桃山に内定していましたので、東京の人々は天皇のご神霊が鎮座する神社の創建を求めるようになります。こうして作られたのが、今の明治神宮（内苑）と神宮外苑です。そしてこの外苑の中心施設として建造されたのが、聖徳記念絵画館でした。大正4年に発足した明治神宮奉賛会が中心となり、絵画館プロジェクトは進められていきます。大正7年、同会が発表した建物設計図の募集規定に準じて、156点の図案が集まりました。写真は、憲法記念館（現在の明治記念館）にその図案が公開されていた様子を写したものです。応募案すべてを公開したのは、日本の設計競技史上、初めてのことでした。

数で知る聖徳記念絵画館 ❷

大正10年

主体工事が始まった年

156点の設計図案から、小林正紹による一等図案を参考にして、内務省の明治神宮造営局が最終図案を作成。これを元に大正8年から絵画館の基礎工事が始まります。そして大正10年には、建物の骨格を形作る主体工事が始まりました。その模様を撮影したものが、右ページの写真です。工事は順調に進みますが、大正12年9月には関東大震災が発生します。建設途中の絵画館も激しい揺れに襲われたものの、耐震耐火設計された建物が崩れることはありませんでした。ちなみに戦時中、東京が空襲に見舞われたときには、絵画館にも2発の焼夷弾が落下しましたが、このときも建物、壁画ともに無事でした。

7年

建物の完成に要した年月

大正15年10月、聖徳記念絵画館は着工から7年の歳月を経て完成します。写真は、その完成直後の姿です。しばしば「国会議事堂に似ている」といわれますが、国会議事堂は大正9年着工で昭和11年完成ですから、絵画館の方が10年以上も早くできているのです。建物の前に見えるのは幅60メートルの池。現在、ここに入ることはできませんが、昭和34年から3年の間だけ「明治神宮外苑子供プール」として開放されていました。「かっぱ天国」という愛称で親しまれたこのプールは、3年間でおよそ30万人が利用するほどの人気を博しました。

112 m

聖徳記念絵画館の横幅

聖徳記念絵画館の横幅は、約112メートルあります。左右に長く伸びている部分が画室で、向かって右側には40点の日本画が、向かって左側には40点の洋画が飾られています。ドーム型の屋根の中央部は、吹抜けの中央ホールです。正面に見える大階段は、戦前までは皇族のみが利用しており、一般客は左右脇にある専用の出入り口から入館し、下足を預けて壁画を鑑賞していました。現在は誰でもこの階段から入館し見学することができます。わが国でもっとも歴史ある美術館建築のひとつで、平成23年に国の重要文化財に指定されました。

数で知る
聖徳記念絵画館 ❺

27m

中央ホールの天井までの高さ

中央ホールの天井までの高さはおよそ27メートルです。この内部に使われているのは、すべて国産の大理石でその数は全部で13種類。「小桜石」や「蛇紋石」といった大理石と、モザイクタイルを巧みに組み合わせて美しい空間を作り上げています。内部が石のために、音がとても反響します。この壮麗な空間を使ってコンサートを開催したいという申し出をいただくこともありますが、反響が強すぎるために演奏するには不向きです。大理石には、マーチソニアやベレロフォンといった原始生物の化石が埋まっており、その姿を観察することができます。

108年

いちょうの樹齢

　神宮外苑のシンボルであるいちょう並木の木々は、平成28年に樹齢108年になりました。もともとこのいちょうは、明治41年に新宿御苑の木から採集した種子を、「豊島御料地」(現在の明治神宮内)にまいて成長させたもので、それらがこの並木に用いられました。つまりこのいちょう並木の木は、すべて兄弟木というわけです。生まれてから1世紀以上が過ぎたいちょうたちですが、黄金色に色づく秋だけでなく、四季を通じてまだまだ美しい姿を見せてくれます。右ページの写真は、大正12年に行われたいちょう並木の植栽の様子です。

数で知る
聖徳記念絵画館 ❼

146本

いちょうの本数

並木のいちょうは全部で146本ありますが、およそ300メートルの間に、きっちりと9メートル間隔で植えられています。この等間隔もいちょう並木の美しさの一因ですが、美しい円錐の形を維持するために、4年に1度、葉のない1月から3月にかけて樹姿を整える作業を行っています。また、いちょう並木の向こうに聖徳記念絵画館を望むと、実に雄大な眺めとなりますが、ここにはひとつの工夫があります。それは、絵画館側よりも青山口側の地面が高くなっており、また植えられている木の高さも、青山口側を高くしているという点です。手前を高く、奥を低くすることで遠近感を強調し、この景観を作っています。

3m × 2.7m

壁画の大きさ

聖徳記念絵画館の絵画は、壁に掛けられているため「壁画」と呼ばれます。その大きさは縦約3メートル・横約2.7メートルにもなるため、画家の苦労も並大抵ではありませんでした。普通のアトリエではこれほど巨大な絵を描くことはできないため、多くの画家が改築、新築をします。「御深曾木（2）」を描いた北野恒富は、改築した画室で大きな下図を作り上げて、これを実際に絵画館に掲げて制作しました。写真は、昭和11年に行われた壁画完成式の模様です。壁画の前で来賓客をもてなす画家の姿と比べると、壁画の大きさがおわかりいただけると思います。

80点

壁画の総点数

聖徳記念絵画館に展示されている壁画は、全部で80点あります。一般的な美術館は、展示作品を入れ替えるものですが、聖徳記念絵画館は完成式以降、この80点だけを展示し続けてきました。「ありもの」を展示するのではなく、この場のために描かれた壁画だけが飾られている──。このことが、聖徳記念絵画館の大きな特徴です。80点のうち、明治天皇の前半生にあたる40点は日本画で、後半生にあたる40点は洋画で描かれています。右ページの写真は、日本画を飾る絵画館の右ウイング部を入り口から見た光景です。

76人

画家の人数

80点の画題が決まった後、半数の40点を日本画、もう半数の40点を洋画とすることとともに、ひとりの画家がひとつの作品を担当することが決定しました。洋画は、順調に画家の選定作業を終えましたが、日本画は難航します。80点の壁画には、それぞれ奉納者が存在します。奉納者は、その壁画を制作するうえで必要な資金を提供するのですが、画家を推薦することもできます。日本画では、この画家の推薦が多く、絵画館プロジェクトを進める「絵画委員会」などと意見対立が起こりました。その結果、日本画ではひとり1作品という原則が崩れ、小堀鞆音が3作品、近藤樵仙と結城素明が2作品を担当し、画家の合計数は76人となりました。右の写真は76人の画家のひとり、「琉球藩設置（26）」を描いた山田真山です。

5点

最初に奉納された壁画の点数

大正15年に絵画館という建物はできあがりましたが、本当の意味で聖徳記念絵画館が完成したわけではありませんでした。というのは同年に行われた外苑奉献式というお披露目の場で陳列された壁画は、全80点のうちのわずか5点だったからです。その5点は、「西南役熊本籠城（37）」「山形秋田巡幸鉱山御覧（43）」「軍人勅諭下賜（45）」「枢密院憲法会議（50）」「日露役奉天戦（70）」で、洋画が4点であるのに対して日本画は1点。このように早くに画家が確定した洋画が日本画に先行して奉納されていき、80点すべてが出揃うのは昭和11年4月のこと。最初の奉納から実に10年以上の歳月が経っていました。右ページは、最初に奉納された5点の壁画です。

西南役熊本籠城（37）

山形秋田巡幸鉱山御覧（43）

軍人勅諭下賜（45）

枢密院憲法会議（50）

日露役奉天戦（70）

数で知る聖徳記念絵画館 ⑫

12年

岡田三郎助と和田英作が壁画制作に費やした年月

壁画制作にかけた年月は、画家によって様々です。とりわけ長い時間を費やしたのは、「大阪行幸諸藩軍艦御覧（14）」（右ページ左）を描いた岡田三郎助です。彼はもともと洋画家でしたが、奉納者と同郷の縁でこの日本画の画題を担当。それゆえ日本画特有の岩絵具の研究を重ねるなど、多方面に周到な準備をしたこともあり、完成まで12年かかりました。同じく12年かかったのが「憲法発布式（51）」（右ページ右）を描いた和田英作です。彼は式典に参列した人すべての衣装や勲章について細かな調査を重ね、これだけの歳月を費やし、この大作を完成させました。この両作は、最後に奉納された5点の作品のうちの2点です。

大阪行幸諸藩軍艦御覧（14）　　　　　　　憲法発布式（51）

数で知る
聖徳記念絵画館 ⓭

800人

「西南役熊本籠城」のために協力した歩兵の数

当時の様子を正確に再現することを求められた画家たちは、実地調査を行ったり、衣装を取り寄せたりとあらゆる努力をします。また、宮内省は画家に対して京都御所などの特別な拝観を許可したり、船会社は調査に赴く画家の運賃を割引くなど多方面からの支援もありました。この絵画館という大プロジェクトを後押しする動きは、「模擬戦」という形にもなって現れます。近藤樵仙が「西南役熊本籠城（37）」を描いた際、熊本第六師団が全面的に協力。800人もの歩兵が実際に大砲を山に運び上げるなどして熊本籠城戦を再現したのです。近藤樵仙は、この模様をスケッチして右ページの壁画を完成させました。

西南役熊本籠城（37）

数で知る聖徳記念絵画館 ⑭

嘉永5年〜大正元年

80点の壁画が描く年代

　明治天皇のご誕生から崩御までを題材とした聖徳記念絵画館の壁画群は、年代でいえば嘉永5年（1852年）から大正元年（1912年）までを描いています。年代別でもっとも点数が多いのは、「伏見鳥羽戦（7）」から「皇后冊立（18）」までが描かれている明治元年の12点。明治は45年までありますが、明治22年の明治憲法制定までに52の画題が選ばれていますから、幕末から明治前期の壁画が多いことになります。右のページの図版は、設置されている壁画の番号とその壁画が描いている年代を記したものです。聖徳記念絵画館をご覧になるときは、今、自分がどの年代を歩いているのか意識するのもひとつの楽しみ方です。

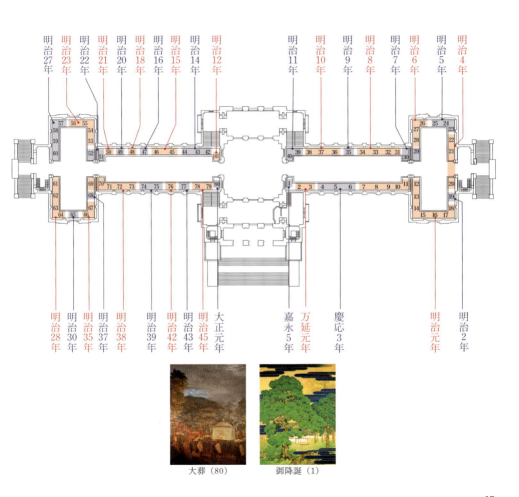

大葬（80）　　御降誕（1）

5分

最寄り駅から聖徳記念絵画館まで歩くとかかる時間

最寄り駅であるJR信濃町駅と都営大江戸線の国立競技場駅から聖徳記念絵画館までは、徒歩で5分の距離です。JR新宿駅から総武線のJR信濃町駅まで3駅の乗車時間も、同じく5分です。みなさまのお越しをお待ちしております。

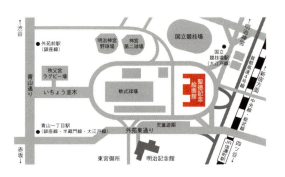

── 2章 ──
聖徳記念絵画館
全80点

絵画館に飾られた壁画は、
それぞれ何を描いているのか──。
全80点の概要がすぐにわかる
解説＆基本データ。

― 2章 ―

PART.1

日本画全40点

p.42 〜 p.81

「御降誕（１）」（嘉永５年）から
「初雁の御歌（40）」（明治11年）までを
伝統の日本画で描いた全40点！

PART.I 01

御降誕(ごこうたん)

明治天皇が
ご生誕になる

明治天皇は、嘉永5年9月22日（新暦11月3日）に孝明天皇と女官の中山慶子(よしこ)との間にお生まれになりました。慶子は権大納言(ごんだいなごん)という高位にあった中山忠能(ただやす)の息女で、壁画には中山邸の御産所が描かれています。御産所は6畳と10畳の簡素な建物でした。

画　　　家 …… 高橋秋華（たかはししゅうか）
奉　納　者 …… 侯爵 中山輔親
壁画の舞台 …… 嘉永5年（1852年）京都・中山邸
完　成　年 …… 昭和5年（1930年）

もっと知りたい！
金色の空と手前に描かれている紫色の雲は「瑞雲」（ずいうん）と呼ばれるものです。めでたいことの兆しとして描かれる雲です。

THE BIRTH OF EMPEROR MEIJI
Artist : Shuka Takahashi

02 PART.1

御深曾木
(おんふかそぎ)

結髪のために鬢(びん)を整える儀式

祐宮(さちのみや)という幼名を賜った明治天皇が、7歳のときに行われたのが「御深曾木」。結髪（元服）のために鬢と呼ばれる耳ぎわの髪を整える儀式です。初めて袴を着ける「御着袴(ごちゃっこ)」という儀式も同時に行われます。

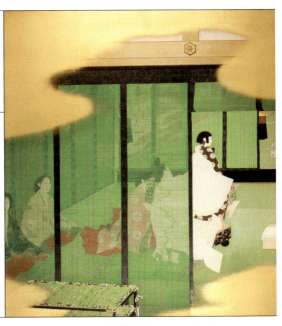

もっと知りたい！
この儀式では、碁盤上の2つの青石をつま先で踏み、吉方（その年の干支により吉となる方角）を向いて鬢を整えるのが習わしです。

画　　　家 …… 北野恒富（きたのつねとみ）
奉　納　者 …… 男爵　鴻池善右衛門
壁画の舞台 …… 万延元年（1860年）京都・京都御所
完　成　年 …… 昭和9年（1934年）

THE RITES OF GROWTH
Artist : Tsunetomi Kitano

立親王宣下
りっしんのうせんげ

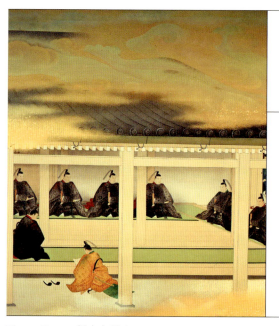

皇位継承者となり「睦仁（むつひと）」の名を賜る

「親王宣下」とは、皇族の子女に「親王」の資格を与える儀式のことです。明治以前は、これを経なければ天皇の位に就くことができませんでした。明治天皇は、このとき「睦仁」の名を賜り、正式に皇位継承者となりました。

画　　　家 …… 橋本永邦（はしもとえいほう）
奉　納　者 …… 三菱合資会社
壁画の舞台 …… 万延元年（1860年）京都・京都御所
完　成　年 …… 昭和6年（1931年）

もっと知りたい！
この絵は、黄色の着物姿の内大臣が「睦仁」という御名を記した書を蔵人（文書を管理する役員）に手渡している場面です。

INVESTITURE OF THE CROWN PRINCE
Artist : Eiho Hashimoto

04 PART.1

践祚
せんそ

孝明天皇が崩御し 122代天皇と ならられる

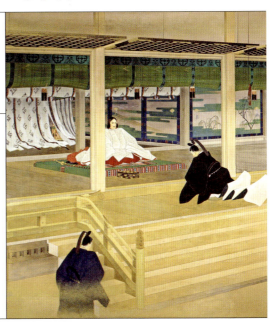

画題の「践祚」とは、天皇の位に就くことを意味することばです。慶応2年に孝明天皇が崩御したことを受けて、睦仁親王が122代の天皇として践祚されました。新天皇が摂政を任じている場面が描かれています。

もっと知りたい！

「摂政」とは、幼少の天皇などに代わり政治を行う役職です。摂政として任じられた二條斉敬は、孝明天皇のときの関白を務めていました。

画　　家 …… 川崎小虎（かわさきしょうこ）
奉 納 者 …… 侯爵 池田宣政
壁画の舞台 …… 慶応3年（1867年）京都・京都御所
完 成 年 …… 昭和5年（1930年）

ACCESSION TO THE THRONE
Artist : Shoko Kawasaki

大政奉還
たいせいほうかん

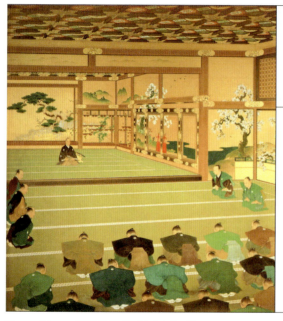

徳川慶喜が
政権を
朝廷に返上する

中央、奥に座っている15代将軍の徳川慶喜が、幕府の重臣たちを前に政権を朝廷に返上する決意を述べる姿が描かれています。場所は、京都の二条城です。ここに265年続いた徳川幕府が潰えました。

- 画　　　家 …… 邨田丹陵（むらたたんりょう）
- 奉　納　者 …… 公爵 徳川慶光
- 壁画の舞台 …… 慶応3年（1867年）京都・二条城
- 完　成　年 …… 昭和10年（1935年）

もっと知りたい！

聖徳記念絵画館の壁画は、その画像を教科書などに貸し出していますが、申請件数がもっとも多いのがこの絵です。

RESIGNATION OF THE LAST SHOGUN
Artist : Tanryo Murata

王政復古
おうせいふっこ

徳川慶喜の処遇を決める新政府最初の会議

慶応3年12月9日に「王政復古の大号令」が発せられて、新政府が樹立されました。新政府にとって初めての会議の模様が描かれています。徳川慶喜の処遇を巡り山内豊信と岩倉具視が激しく対立しています。

もっと知りたい！
新政府に慶喜を加えるべきと主張したのが左の山内豊信。これに異を唱えたのが右の岩倉具視です。御簾の中が明治天皇です。

画　　　家 …… 島田墨仙（しまだぼくせん）
奉　納　者 …… 侯爵 松平康荘
壁画の舞台 …… 慶応3年（1868年1月3日）京都・京都御所
完　成　年 …… 昭和6年（1931年）

RESTORATION OF IMPERIAL RULE
Artist : Bokusen Shimada

PART.1 07 伏見鳥羽戦（ふしみとばせん）

旧幕府軍と新政府軍との衝突

徳川慶喜を新政府から排除するという決定に怒った旧幕府軍は、ついに京都の南部にある鳥羽・伏見で新政府軍と衝突。ここに戊辰戦争が始まります。描かれているのは、明治元年1月5日、淀の戦いです。

- 画　　　家 …… 松林桂月（まつばやしけいげつ）
- 奉　納　者 …… 公爵　毛利元昭
- 壁画の舞台 …… 明治元年（1868年）京都・淀小橋際千両松
- 完　成　年 …… 昭和8年（1933年）

もっと知りたい！
中央で抜刀しているのは長州藩の奇兵隊を率いる三浦梧楼。左手前で対峙するのは旧幕府軍の会津藩の兵。左奥は淀城です。

THE BATTLES OF TOBA AND FUSHIMI
Artist : Keigetsu Matsubayashi

御元服
ご げん ぷく

15歳になって元服の儀に臨まれる

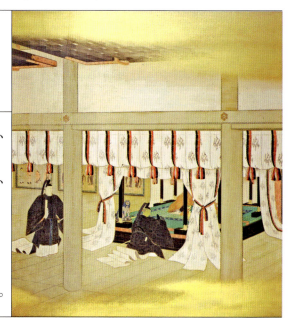

15歳の天皇は、元服の儀、今でいう成人式に臨まれました。描かれているのは、天皇に冠をさしあげている場面で、この後、髪を整えるという手順で儀式は進みます。天皇がおられるのは御帳台と呼ばれる御座です。
(み ちょうだい)

もっと知りたい！
この絵の奉納者は後に内閣総理大臣を務めた近衛文麿です。彼の祖父の忠房は、内大臣としてこの元服の儀に関わっていました。

画　　　家	伊東紅雲（いとうこううん）
奉　納　者	公爵 近衛文麿
壁画の舞台	明治元年（1868年）京都・京都御所
完　成　年	昭和3年（1928年）

ATTAINMENT OF MAJORITY CEREMONY
Artist : Koun Ito

PART.1 09

二条城太政官代行幸
にじょうじょうだじょうかんだいぎょうこう

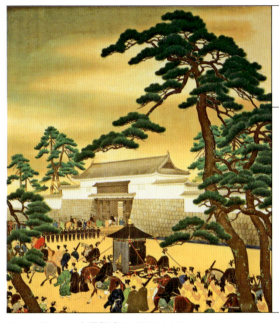

新政府機関の太政官代へ行幸

「太政官代」とは、新政府の中枢機関です。これが置かれた二条城に明治天皇が行幸された模様を描いています。二条城に着いた天皇は、新政府の総裁である有栖川宮熾仁親王に旧幕府軍の追討令を出されました。

- 画　　　家 …… 小堀鞆音（こぼりともと）
- 奉　納　者 …… 男爵 三井八郎右衛門
- 壁画の舞台 …… 明治元年（1868年）京都・二条城
- 完　成　年 …… 昭和8年（1933年）

もっと知りたい！
明治天皇にとって、初めての行幸先がこの二条城でした。江戸時代の天皇は、御所の外に出ることが滅多になかったのです。

THE EMPEROR'S VISIT TO THE DAJOKAN
Artist : Tomoto Kobori

10 PART.1
大総督熾仁親王京都進発
だいそうとく たるひとしんのう きょうと しんぱつ

熾仁親王が旧幕府軍征討のため出発

「大総督」は、正式には「東征大総督」で、旧幕府軍を追討するため設けられた臨時の軍司令官です。大総督の有栖川宮熾仁親王が、幕府軍追討のため京都を出発する際に御所を拝される姿を描いています。

もっと知りたい！
中央やや左、黒い馬に乗った赤い装束が熾仁親王。また兵たちが持っているのは、天皇の軍隊であることを示す「錦の御旗」です。

画　　　家	高取稚成（たかとりわかなり）
奉 納 者	侯爵 蜂須賀正韶
壁画の舞台	明治元年（1868年）京都・京都御所
完 成 年	昭和6年（1931年）

THE IMPERIAL ARMY LEAVES KYOTO
Artist : Wakanari Takatori

PART.1 11

各国公使召見
かっこくこうししょうけん

外国公使が明治天皇に謁見

新政府は、これからは外国との良好な関係が重要と考え、天皇と諸外国の公使との対面を企図します。この絵は、当時、神戸に駐在していたオランダ公使のポルスブルックと天皇との対面の様子を描いたものです。場所は、京都御所の紫宸殿です。

画　　　家 …… 広島晃甫（ひろしまこうほ）
奉 納 者 …… 侯爵 伊達宗彰
壁画の舞台 …… 明治元年（1868年）京都・京都御所
完 成 年 …… 昭和5年（1930年）

もっと知りたい！

御座所の中におられるのが天皇で、洋装しているのがオランダ公使です。また中央右が岩倉具視、公使の左隣にいるのが伊藤俊輔（博文）です。

THE EMPEROR RECEIVES FOREIGN MINISTERS
Artist : Koho Hiroshima

五箇條御誓文
（ごかじょうのごせいもん）

新国家建設の指針を神々にお誓いになる

「五箇條御誓文」とは、広く神々に誓う形で布告された新国家建設の基本方針のこと。この絵は、御所に設けられた神前で副総裁の三條実美が、それを読み上げているところです。玉座の白い装束が天皇です。

もっと知りたい！
五箇條御誓文には「広く人材を求めて公正な意見に基づく政治を行う」など近代日本の理念が5つ書かれています。

画　　　家 …… 乾南陽（いぬいなんよう）
奉　納　者 …… 侯爵 山内豊景
壁画の舞台 …… 明治元年（1868年）京都・京都御所
完　成　年 …… 昭和3年（1928年）

PROCLAMATION OF THE IMPERIAL OATH
Artist : Nanyo Inui

PART.1 13

江戸開城談判
(えどかいじょうだんぱん)

西郷隆盛と勝海舟の歴史的会談

薩長を中心とした新政府軍による江戸城への総攻撃が迫っていた日、旧幕臣の勝海舟は、西郷隆盛のところに赴いて、江戸城の明け渡しと総攻撃の中止を訴えました。壁画はその2人の会談の様子を描いたものです。

画　　　家 …… 結城素明（ゆうきそめい）
奉　納　者 …… 侯爵 西郷吉之助＋伯爵 勝精
壁画の舞台 …… 明治元年（1868年）東京・薩摩藩邸
完　成　年 …… 昭和10年（1935年）

もっと知りたい！
この場の西郷隆盛は勝者側の立場ですが、終始、膝に手を乗せ尊大ぶらないその態度に、勝海舟は感銘を受けました。

THE SURRENDER OF EDO CASTLE
Artist : Somei Yuki

PART.1 14

大阪行幸諸藩軍艦御覧
おおさかぎょうこうしょはんぐんかんごらん

肥前藩の軍艦上から天皇を望む

明治天皇にとって初の京都外への行幸となった大阪行幸を描いた壁画です。天保山に設けられた右上の御座所から天皇が海軍艦船をご覧になっています。肥前藩の軍艦の甲板から御座所を望む人々が描かれています。

もっと知りたい！

岡田三郎助は洋画家でしたが、奉納者と同郷の縁でこの画題を担当。絵の具の研究なども重ね、完成まで12年の歳月を費やしました。

画　　　家 …… 岡田三郎助（おかださぶろうすけ）
奉 納 者 …… 侯爵　鍋島直映
壁画の舞台 …… 明治元年（1868年）大阪・大阪湾
完 成 年 …… 昭和11年（1936年）

THE EMPEROR INSPECTING CLAN WARSHIPS
Artist : Saburosuke Okada

即位礼
そくいれい

皇位継承を内外に示される

「即位礼」とは、天皇が皇位を継承したことを内外に示す儀式。この絵は、その模様を描いたもので、高御座（たかみくら）の中におられるのが天皇です。この即位礼の翌月に、元号が「慶応」から「明治」へと改められました。

画　　　家 …… 猪飼嘯谷（いかいしょうこく）
奉　納　者 …… 京都市
壁画の舞台 …… 明治元年（1868年）京都・京都御所
完　成　年 …… 昭和9年（1934年）

もっと知りたい！
これ以前の即位礼は中国の様式で行われてきましたが、新しい方針に基づいた体制が始まることから、わが国の様式に替わりました。

ENTHRONEMENT OF THE EMPEROR
Artist : Shokoku Ikai

農民収穫御覧
のうみんしゅうかくごらん

初めて稲刈りを
ご覧になる

江戸が東京と改められ、政治の中心も京都から東京に移ることが決定。これに伴い天皇の東京行幸が行われました。描かれているのは、行幸の途上、熱田神宮近くの八丁畷にて天皇が初めて稲刈りをご覧になる様子です。
はっちょうなわて

もっと知りたい！

通常、稲刈りしながら、脱穀することはありません。しかし農民たちは、稲刈りすべての工程をご覧いただくために実演しています。

画　　　家	森村宜稲 (もりむらぎとう)
奉 納 者	侯爵 徳川義親
壁画の舞台	明治元年 (1868年) 愛知・熱田八丁畷
完 成 年	昭和5年 (1930年)

THE EMPEROR VIEWING RICE HARVEST
Artist : Gito Morimura

東京御着輦
とうきょう ご ちゃく れん

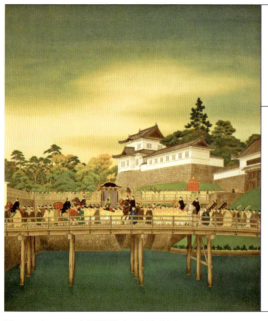

江戸城に到着される

天皇が江戸城に到着され、木橋を渡り奥の二重橋に向かう光景が描かれています。画題にある「輦」とは、天皇の乗り物のことで、屋根に鳳凰を置いたものを「鳳輦」といいます。紫の御簾が掛けられたのが、その鳳輦です。

画　　　家 …… 小堀鞆音（こぼりともと）
奉　納　者 …… 東京市
壁画の舞台 …… 明治元年（1868年）東京・皇居
完　成　年 …… 昭和9年（1934年）

もっと知りたい！

明治天皇は、歴代天皇で初めて富士山をご覧になりました。太平洋をご覧になったのも歴代天皇で初めてです。

THE EMPEROR ARRIVING IN TOKYO
Artist : Tomoto Kobori

18 PART.1

皇后冊立(こうごうさくりつ)

一條美子姫が明治天皇の皇后となる

画題の「冊立」とは、皇太子や皇后を正式に定めることです。明治元年12月、天皇は皇后に決まった一條美子姫を迎えられました。後の昭憲皇太后です。絵は、美子姫が乗ったお車が式場に到着した様子を描いています。

もっと知りたい！
正面に見える赤い大きな門は、御所の玄輝門。見事に咲き誇っているのは梅の花。お車から見える装束は美子姫のものです。

画　　　家	菅楯彦（すがたてひこ）
奉 納 者	大阪市
壁画の舞台	明治元年（1869年2月9日）京都・京都御所
完 成 年	昭和10年（1935年）

INSTALLATION OF THE EMPRESS
Artist : Tatehiko Suga

神宮親謁
じんぐうしんえつ

歴代天皇として初めて神宮をご親拝

美子姫を皇后として迎えるために京都にお戻りになった天皇は、明治2年3月、再び東京へ行幸します。この絵は、その途上、伊勢神宮を参拝なさった様子を描いたもの。歴代天皇として初めての神宮ご親拝となりました。

画　　　家 …… 松岡映丘（まつおかえいきゅう）
奉　納　者 …… 侯爵 池田仲博
壁画の舞台 …… 明治2年（1869年）三重・皇大神宮
完　成　年 …… 昭和11年（1936年）

もっと知りたい！
明治天皇は伊勢神宮を参拝し、自ら祖先を尊ぶ姿勢を示されました。その後、日露戦争終結後など、合計4回、神宮に親謁されます。

THE EMPEROR AT THE GRAND SHRINE OF ISE
Artist : Eikyu Matsuoka

廃藩置県
はいはんちけん

天皇の前で廃藩置県の詔(みことのり)が読み上げられる

御座所におられる天皇の前で読み上げられているのは「廃藩置県の詔」です。これにより江戸時代からの藩は廃されて県となり、知事は中央政府より送られることになりました。平伏しているのはこれまでの藩知事です。

もっと知りたい！
「廃藩置県」の2年前に行われた「版籍奉還」では、藩の領地と領民は天皇に返還されましたが、実態は江戸時代のままでした。

画　　　家 …… 小堀鞆音（こぼりともと）
奉　納　者 …… 伯爵 酒井忠正
壁画の舞台 …… 明治4年（1871年）東京・皇居
完　成　年 …… 昭和6年（1931年）

THE END OF THE FEUDAL CLANS
Artist : Tomoto Kobori

岩倉大使欧米派遣
いわくらたいしおうべいはけん

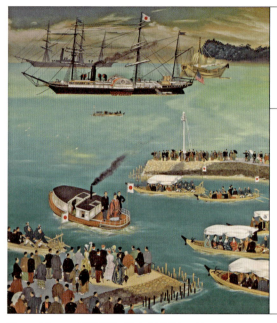

欧米諸国の視察に使節団を派遣

明治政府は、不平等条約の改正ならびに諸国視察のために欧米に使節団を派遣することを決定。全権大使に岩倉具視が選ばれました。横浜港に停泊中の汽船アメリカ号や、使節団、見送る人々が描かれています。

画　　　家 …… 山口蓬春（やまぐちほうしゅん）
奉 納 者 …… 横浜市
壁画の舞台 …… 明治4年（1871年）神奈川・横浜港
完 成 年 …… 昭和9年（1934年）

もっと知りたい！
中央の艀に乗る3人は、左から大久保利通、岩倉具視、木戸孝允。右下の小舟に乗る赤い着物姿は、津田塾大学創設者の津田梅子です。

THE IWAKURA MISSION TO AMERICA AND EUROPE
Artist : Hoshun Yamaguchi

大嘗祭
だいじょうさい

世の安泰や五穀豊穣を神に祈られる

「大嘗祭」とは、新穀を天照大御神に供えると共に、自らも召し上がり、世の安泰や五穀豊穣を祈られる儀式です。毎年行われる新嘗祭に対し、大嘗祭は一代に一度です。儀式を行う悠紀殿の屋根が大きく描かれています。

もっと知りたい！

屋根の下、左から4本目の柱の奥に天皇の姿が見えます。大嘗祭が東京で行われたのは、史上初めてのことでした。

画　　　家 ……　前田青邨（まえだせいそん）
奉　納　者 ……　侯爵 亀井茲常
壁画の舞台 ……　明治4年（1871年）東京・皇居
完　成　年 ……　昭和8年（1933年）

THE GREAT IMPERIAL THANKSGIVING RITE
Artist : Seison Maeda

中国西国巡幸長崎御入港

西国巡幸中の天皇が長崎に到着される

明治5年、品川沖で軍艦「龍驤」にご乗艦になった天皇は、6隻の軍艦を従え、大阪、下関など西国巡幸に出かけられました。この絵は、諸艦が長崎港に入港する光景を描いたもの。季節は夏。時刻は夕方5時頃です。

画　　　家 …… 山本森之助（やまともりのすけ）
奉　納　者 …… 長崎市
壁画の舞台 …… 明治5年（1872年）長崎・長崎港
完　成　年 …… 昭和3年（1928年）

もっと知りたい！
中央に見える軍艦列の2艦目が「龍驤」。左側中央に見える少し突き出た場所が、江戸時代に外国との窓口であった「出島」です。

IMPERIAL TOUR OF CHUGOKU AND KYUSHU
Artist : Morinosuke Yamamoto

中国西国巡幸鹿児島着御
ちゅうごくさいごくじゅんこうかごしまちゃくぎょ

PART.1 24

西国巡幸中の天皇が鹿児島に到着される

西国巡幸中の天皇は長崎を出港後、熊本を経由して鹿児島に到着されました。この絵は、鹿児島城内の旧島津邸に天皇が入られるところを描いたものです。橋を渡り始める馬上が天皇。ひとりおいて徒歩で従うのが西郷隆盛です。

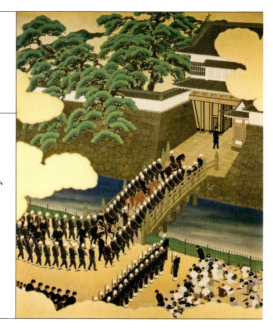

もっと知りたい！

鹿児島での天皇は、大砲製造所や陶器会社などを視察。この中国西国巡幸は50日間に及び、天皇は大いに知見を深められました。

画　　　家 …… 山内多門（やまうちたもん）
奉　納　者 …… 鹿児島市
壁画の舞台 …… 明治5年（1872年）鹿児島・島津氏旧邸
完　成　年 …… 昭和5年（1930年）

THE EMPEROR IN KAGOSHIMA
Artist : Tamon Yamauchi

京浜鉄道開業式行幸
（けいひんてつどうかいぎょうしきぎょうこう）

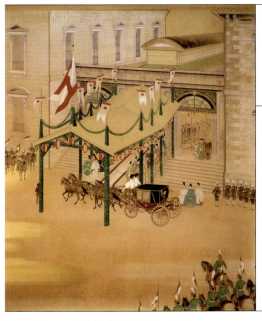

わが国初の鉄道が開業

明治5年9月12日、日本で初めての鉄道が新橋と横浜の間に開通しました。この日、天皇は鉄道に試乗された後、横浜・新橋両駅での鉄道開業式に臨席されました。天皇の馬車が、新橋駅に到着した様子が描かれています。

画　　　家 …… 小村大雲（こむらたいうん）
奉　納　者 …… 鉄道省
壁画の舞台 …… 明治5年（1872年）東京・新橋駅
完　成　年 …… 昭和3年（1928年）

もっと知りたい！
馬車の御者などは和装、警護の兵らは洋装と混在しているのが印象的です。画家の小村大雲は、これらの衣装をモデルに着用させて描きました。

OPENING OF THE TOKYO-YOKOHAMA RAILWAY
Artist : Taiun Komura

琉球藩設置
りゅう きゅう はん せっ ち

天皇に拝謁した琉球の使節が那覇に帰港

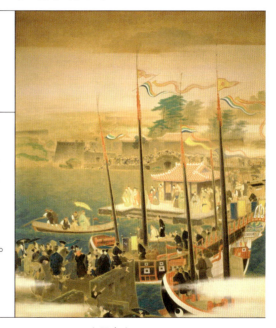

明治5年、琉球国王であった尚泰(しょうたい)は、御一新の祝賀の使節を天皇のもとに派遣。同年には琉球藩が置かれて尚泰は華族となり、琉球は薩摩の属領としての歴史を終えました。使節が那覇に帰港した光景が描かれています。

もっと知りたい！
右の奥に小さく見えるのが首里城。小舟に乗っているのが使節です。使節は、半年近くに及ぶ長い航海の末の帰着となりました。

画　　　家 …… 山田真山（やまだしんざん）
奉　納　者 …… 首里市
壁画の舞台 …… 明治6年（1873年）沖縄・那覇港
完　成　年 …… 昭和10年（1935年）

ESTABLISHMENT OF THE RYUKYU CLAN
Artist : Shinzan Yamada

習志野之原演習行幸
天皇による初めての戦闘演習指揮

天皇は、千葉県の大和田村（後に天皇が「習志野原」と命名）に近衛兵を率いて3日間に渡る野営演習を行います。これは天皇による初めての戦闘演習の指揮でした。中央の馬上が天皇で、その左側が西郷隆盛です。

画　　　家 …… 小山栄達（こやまえいたつ）
奉　納　者 …… 侯爵 西郷従徳
壁画の舞台 …… 明治6年（1873年）千葉・習志野原
完　成　年 …… 昭和4年（1929年）

もっと知りたい！
演習の初日の夜は暴風雨となり、天皇も雨が漏るテントの中で一夜を過ごされました。描かれたのは雨が上がった翌日の演習地です。

THE EMPEROR VIEWING MILITARY MANEUVERS
Artist : Eitatsu Koyama

富岡製糸場行啓
とみ おか せい し じょう ぎょう けい

皇后が富岡製糸場をご視察

群馬県の富岡製糸場は、外国の最新技術を導入して操業した官営の製糸場で、全国の士族の子女などが工女として働いていました。皇后（左）と皇太后（右）が工女たちの作業をご覧になられる様子が描かれています。

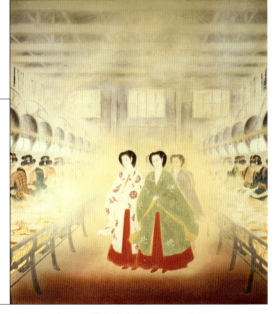

もっと知りたい！
描かれているのは繭玉から生糸を紡ぐ作業をする工女たちです。合計で500人ほどの工女がこの製糸場で働いていました。

画　　　家 …… 荒井寛方（あらいかんぽう）
奉　納　者 …… 大日本蚕糸会
壁画の舞台 …… 明治6年（1873年）群馬・富岡
完　成　年 …… 昭和8年（1933年）

THE EMPRESS AT A SILK FACTORY
Artist : Kampo Arai

御練兵
(ごれんぺい)

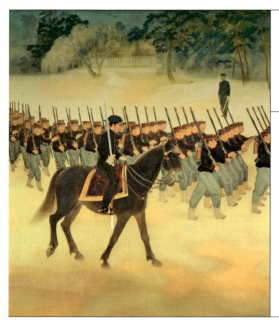

馬上から近衛兵を訓練される

描かれているのは、明治7年の春、赤坂仮皇居内で馬上から兵を訓練する天皇の姿です。この前年に皇居が炎上し、仮皇居に移ったこの年はもっとも練兵に励まれ、その数は1年間で71日を数えました。

- 画　　　家 …… 町田曲江（まちだきょくこう）
- 奉　納　者 …… 十五銀行
- 壁画の舞台 …… 明治7年（1874年）東京・赤坂仮皇居
- 完　成　年 …… 昭和3年（1928年）

もっと知りたい！
天皇は乗馬に強い関心を持たれ、自らその訓練に励まれました。その回数は、この明治7年において年間267回にも達しました。

THE EMPEROR DRILLING SOLDIERS
Artist : Kyokuko Machida

30 PART.1

侍講進講
じ こう しん こう

> 学問の講義に
> 耳を傾けられる

「侍講」とは、君主に対して学問を講じる人。「進講」とは、天皇の前で学問の講義をすることを意味します。描かれているのは、明治4年から20年に渡って天皇に仕えた熊本藩の元田永孚がご進講している様子です。元田が初めて天皇に講じたのは『論語』でした。

もっと知りたい！
「講書始」という各分野の研究者が天皇の前で講義を行う宮中の新年行事は、明治2年に明治天皇によって始められたものです。

画　　　家 …… 堂本印象（どうもといんしょう）
奉　納　者 …… 台湾銀行
壁画の舞台 …… 明治7年（1874年）東京・赤坂仮皇居
完　成　年 …… 昭和9年（1934年）

HIS MAJESTY AT LECTURE
Artist : Insho Domoto

PART.1 31

徳川邸行幸
とくがわていぎょうこう

桜が満開の徳川昭武宅をご訪問

天皇は水戸徳川家の当主である徳川昭武の邸宅に行幸。昭武の父祖である水戸光圀や徳川斉昭らの書画をご覧になりその勤王の志を称えました。天皇が昭武らと共に満開の桜をご覧になっている様子が描かれています。

画　　　家 …… 木村武山（きむらぶざん）
奉 納 者 …… 侯爵 徳川圀順
壁画の舞台 …… 明治8年（1875年）東京・徳川昭武邸
完 成 年 …… 昭和5年（1930年）

もっと知りたい！
天皇はこの後、旧尾張藩主の徳川慶勝邸にも行幸。徳川御三家の水戸と尾張への行幸を経て徳川家と皇室との絆が強まりました。

THE EMPEROR ON A PERSONAL VISIT
Artist : Buzan Kimura

皇后宮田植御覧
こうごうぐうたうえごらん

雨のなか皇后が田植えをご覧になる

赤坂の仮皇居の敷地には水田があったので、天皇や皇后は、農作業の様子をしばしばご覧になりました。この絵は、雨の中、田植えをご覧になる皇后の姿を描いたものです。6月18日の出来事でした。

もっと知りたい！

その途上、雨が降り出し取りやめも進言されましたが「田植えは雨風を厭わず行われるのだから」と傘をさしての視察となりました。

画　　家 …… 近藤樵仙（こんどうしょうせん）
奉 納 者 …… 公爵　一條実孝
壁画の舞台 …… 明治8年（1875年）東京・赤坂仮皇居
完 成 年 …… 昭和2年（1927年）

THE EMPRESS VIEWING RICE-PLANTING
Artist : Shosen Kondo

地方官会議臨御
ちほうかんかいぎりんぎょ

地方官を集めた会議にご臨席

「地方官」とは、府知事と県令（今の県知事）のこと。明治8年にこの地方官を集めた会議が開催され、議長は木戸孝允が務めました。この開院式において、地方官たちを前にお言葉を述べられる天皇が描かれています。

画　　　家 …… 磯田長秋（いそだちょうしゅう）
奉　納　者 …… 侯爵　木戸幸一
壁画の舞台 …… 明治8年（1875年）東京・東本願寺書院
完　成　年 …… 昭和3年（1928年）

もっと知りたい！
中央やや右で胸を張っているのが木戸孝允。木戸の斜め後ろのひげの人物が大久保利通。左端に並ぶのは参列した各国の公使です。

THE FIRST CONFERENCE OF GOVERNORS
Artist : Choshu Isoda

女子師範学校行啓
じょししはんがっこうぎょうけい

皇后が東京女子師範学校をご訪問

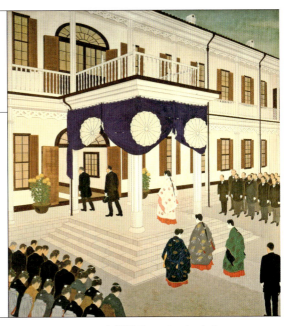

「師範学校」とは教員を養成する学校のことです。明治8年、東京のお茶の水に官立の女子師範学校が開設されました。早くから女子教育の重要性に着目されていた皇后が、開校式に行啓する様子が描かれています。

もっと知りたい！

後日この師範学校には、皇后から《みがかずば玉も鏡も何かせむ まなびの道もかくこそありけれ》という御歌が下賜されました。

画　　　家 …… 矢沢弦月（やざわげんげつ）
奉　納　者 …… 桜蔭会
壁画の舞台 …… 明治8年（1875年）東京・お茶の水
完　成　年 …… 昭和9年（1934年）

THE EMPRESS AT A SCHOOL FOR GIRLS
Artist : Gengetsu Yazawa

奥羽巡幸馬匹御覧
おう う じゅん こう ば ひつ ご らん

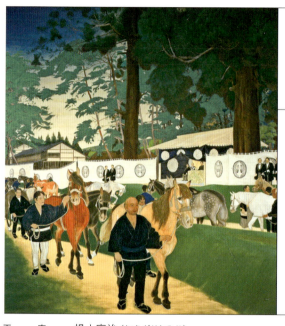

奥羽巡幸中に盛岡で馬をご覧になる

明治9年、天皇は奥羽巡幸をされました。この絵は、岩手県の盛岡八幡社に立ち寄られ、県産の馬をご覧になっているところです。天幕の中、中央の天皇は、馬子がひく400頭もの馬をご覧になられました。

画　　　家 …… 根上富治（ねあがりとみじ）
奉 納 者 …… 日本勧業銀行
壁画の舞台 …… 明治9年（1876年）岩手・盛岡八幡社
完 成 年 …… 昭和9年（1934年）

もっと知りたい！
天皇の愛馬として知られる「金華山」号は南部馬です。この奥羽巡幸の途上、岩手県の水沢でお買い求めになったものと思われます。

THE EMPEROR INSPECTING HORSES
Artist : Tomiji Neagari

畝傍陵親謁
うね び りょう しん えつ

初代神武天皇の陵にご親拝になる

「畝傍陵」とは、現在の奈良県橿原市にある初代神武天皇の陵墓のことです。この絵は、天皇が神武天皇陵を参拝された様子を描いたものです。天皇が在位中に祖先の御陵をご親拝になったのは、初めてのことでした。

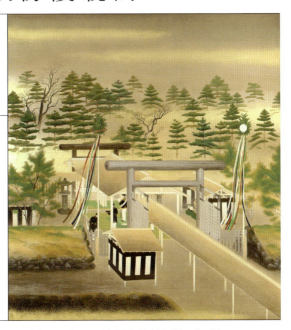

もっと知りたい！
天皇は2月11日に参拝されましたが、この日は神武天皇が天皇に即位された日です。この日は明治6年に「紀元節」と制定されました。

画　　　家 …… 吉田秋光（よしだしゅうこう）
奉　納　者 …… 男爵　住友吉左衛門
壁画の舞台 …… 明治10年（1877年）奈良・畝傍山東北陵
完　成　年 …… 昭和7年（1932年）

THE IMPERIAL MAUSOLEUM AT UNEBI
Artist : Shuko Yoshida

西南役熊本籠城
（せいなんえきくまもとろうじょう）

西郷軍が熊本城を砲撃する

「西南役」とは、西郷隆盛をリーダーとした旧薩摩藩士たちによる士族反乱です。政府の弾薬庫を襲撃した西郷軍は、ついで熊本城を攻撃。西郷軍が大砲を引き揚げ、熊本城を砲撃する様子が描かれています。

画　　　家 …… 近藤樵仙（こんどうしょうせん）
奉　納　者 …… 侯爵 細川護立
壁画の舞台 …… 明治10年（1877年）熊本・花岡山
完　成　年 …… 大正15年（1926年）

もっと知りたい！

熊本城攻撃は50日を超えますが、官軍の援軍により撤退。西郷は鹿児島の城山で自害し、7カ月に及んだ西南戦争は終結しました。

THE SIEGE OF KUMAMOTO CASTLE
Artist : Shosen Kondo

内国勧業博覧会行幸啓
ないこくかんぎょうはくらんかいぎょうこうけい

> 天皇と皇后が
> そろって
> 博覧会にお出まし

「内国勧業博覧会」とは、美術や機械、農業など6部門において優秀な技術が披露されるもので、殖産興業の一環として開催されました。開会式に出席された天皇と皇后が美術館に向かわれる姿が描かれています。

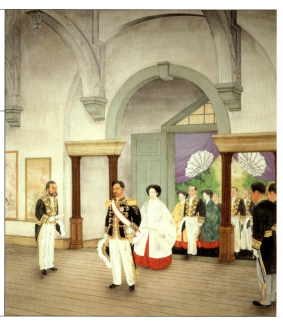

もっと知りたい！
この内国勧業博覧会は102日の会期中に45万人の入場者を数える盛況でした。明治の間には都合5回開かれ、天皇はすべてをご覧になりました。

画　　　家 …… 結城素明（ゆうきそめい）
奉　納　者 …… 侯爵　大久保利和
壁画の舞台 …… 明治10年（1877年）東京・上野公園
完　成　年 …… 昭和11年（1936年）

ATTENDING AN INDUSTRIAL EXHIBITION
Artist : Somei Yuki

能楽御覧
のうがくごらん

英照皇太后とともに能楽をご覧になる

英照皇太后（孝明天皇の准后）に孝行を尽くされた明治天皇は、能楽を好む皇太后のため、お住まいの青山御所に能楽堂を造られました。その舞台開きの日、皇太后と共に能楽をご覧になる様子が描かれています。

画　　　家 …… 木島桜谷（このしまおうこく）
奉　納　者 …… 男爵　藤田平太郎
壁画の舞台 …… 明治11年（1878年）東京・青山御所
完　成　年 …… 昭和9年（1934年）

もっと知りたい！
この日は、金剛、観世、宝生、梅若の各宗家の能が演じられました。描かれているのは、金剛唯一が「翁」を演じている場面です。

THE EMPEROR AND THE EMPRESS DOWAGER AT A NOH PLAY
Artist : Okoku Konoshima

初雁の御歌
はつかりのみうた

皇后が巡幸中の天皇をお偲びになる

明治天皇が北陸を巡幸中、旅先に皇后の御歌が届けられました。《はつかりをまつとはなしにこの秋は 越路のそらのながめられつつ》。初雁が飛んでいるのは巡幸中の天皇がおられる方向です。皇后が天皇を偲んでお詠みになったものでした。

もっと知りたい！
鏑木清方は「美人画の名手」として知られる日本画の大家です。皇后が天皇を偲ばれつつ、散策される光景を描きました。

画　　　家 …… 鏑木清方（かぶらききよかた）
奉　納　者 …… 明治神宮奉賛会
壁画の舞台 …… 明治11年（1878年）東京・赤坂仮皇居
完　成　年 …… 昭和7年（1932年）

THE EMPRESS COMPOSING A POEM
Artist : Kiyokata Kaburaki

―― 2章 ――

PART.2

洋画全40点

p.84 〜 p.123

「グラント将軍と御対話（41）」（明治12年）
から「大葬（80）」（大正元年）までを
隆盛の洋画で描いた全40点！

グラント将軍と御対話

PART.2 41

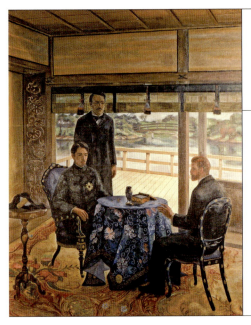

アメリカ前大統領と会談される

「グラント将軍」とは、南北戦争で北軍の総司令官を務め、18代アメリカ大統領となったユリシーズ・グラントです。大統領退任後、世界を旅していたグラントは日本に滞在し、浜離宮にて天皇（着席左）と会談をしました。立っているのは通訳です。

- 画　　　家 …… 大久保作次郎（おおくぼさくじろう）
- 奉 納 者 …… 子爵 渋沢栄一
- 壁画の舞台 …… 明治12年（1879年）東京・浜離宮
- 完 成 年 …… 昭和5年（1930年）

もっと知りたい！

天皇はこの会談で、議会運営や、国際経済、外交などの諸問題についてグラントから有益な進言を得ることができました。

THE EMPEROR MEETING GENERAL U.S. GRANT
Artist : Sakujiro Okubo

42 PART.2
北海道巡幸屯田兵御覧
ほっかいどうじゅんこうとんでんへいごらん

北海道で屯田兵の仕事ぶりをご覧になる

北海道巡幸の途上、天皇は屯田兵の仕事ぶりをご覧になりました。「屯田兵」とは北方の開拓と防備を受け持つ土着兵の制度で、失職した士族救済の目的も兼ねていました。馬車にお乗りになっているのが天皇です。

もっと知りたい！
天皇が馬車で通過しているのは、現在の札幌市中央区にあたる山鼻村。奥の山裾に見えるのは、屯田兵たちの兵屋です。

画　　　家 …… 高村真夫（たかむらしんぷ）
奉 納 者 …… 北海道庁
壁画の舞台 …… 明治14年（1881年）北海道・山鼻村
完 成 年 …… 昭和3年（1928年）

THE EMPEROR IN HOKKAIDO
Artist : Shimpu Takamura

PART.2 43

山形秋田巡幸鉱山御覧
やまがたあきたじゅんこうこうざんごらん

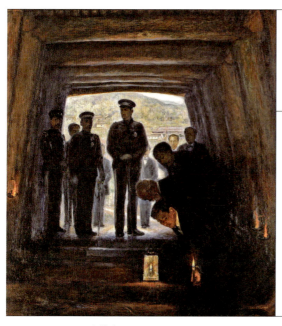

秋田の院内鉱山をご覧になる

山形、秋田を巡幸するなかで、天皇は秋田県南部の院内鉱山を視察されました。天皇が坑道の入口に立たれ、鉱山局の職員が坑道を照らす様子が描かれています。この後、天皇は坑道内で様々な作業をご覧になりました。

画　　　家 …… 五味清吉（ごみせいきち）
奉　納　者 …… 男爵　古河虎之助
壁画の舞台 …… 明治14年（1881年）秋田・院内鉱山
完　成　年 …… 大正15年（1926年）

もっと知りたい！
天皇が院内鉱山を視察した9月21日は国の鉱山記念日となりました。またこの日には「院内銀山まつり」が開催されています。

VISITING A SILVER MINE
Artist : Seikichi Gomi

兌換制度御治定
だかんせいどごじじょう

兌換制度の重要性をお聞きになる

「兌換制度」とは、発行する紙幣を金や銀と交換する制度のことです。不換紙幣を発行しすぎてインフレに陥った財政危機を救うためにはこの制度が必要と、松方正義大蔵卿らが天皇にご説明している場面が描かれています。

もっと知りたい！

明治政府が深刻な財政難に陥った一因が、明治10年の西南戦争でした。この戦費を賄うために大量の不換紙幣が増発されたのです。

画　　　家 …… 松岡寿（まつおかひさし）
奉 納 者 …… 日本銀行
壁画の舞台 …… 明治14年（1881年）東京・赤坂仮皇居
完 成 年 …… 昭和3年（1928年）

ESTABLISHMENT OF THE MONETARY CONVERSION SYSTEM
Artist : Hisashi Matsuoka

軍人勅諭下賜
(ぐんじんちょくゆかし)

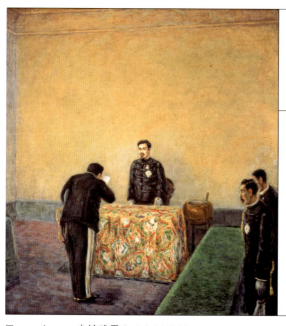

軍人が守るべき精神をお示しになる

「軍人勅諭」とは、軍人が守るべき忠節、礼儀、武勇、信義、質素の5カ条について天皇が諭されたものです。賜った軍人勅諭を、大山巌陸軍卿が押しいただく様を描いています。右側手前は参謀本部長の山縣有朋です。

画　　　家 …… 寺崎武男（てらさきたけお）
奉　納　者 …… 公爵 山県伊三郎
壁画の舞台 …… 明治15年（1882年）東京・赤坂仮皇居
完　成　年 …… 大正15年（1926年）

もっと知りたい！

この日は年が明けて間もない1月4日。政始の儀に臨まれた後のことでした。天皇の隣にある火鉢が、新春の寒さを想起させます。

IMPERIAL MANDATE FOR THE ARMY AND NAVY
Artist : Takeo Terasaki

条約改正会議
じょうやくかいせいかいぎ

不平等条約を改正するための予備会議

幕末、徳川幕府が諸外国と結んだ不平等条約の改正は、明治政府にとっても長年の課題でした。外務卿の井上馨は、各国の代表を集めて条約改正のための予備会議を開きました。起立しているのが井上馨です。

もっと知りたい！
井上馨の左隣は通訳のシーボルトです。画家の上野広一は、各国代表の子孫から当時の顔写真を集め再現に万全を期しました。

画　　　家 …… 上野広一（うえのこういち）
奉　納　者 …… 侯爵 井上勝之助
壁画の舞台 …… 明治15年（1882年）東京・外務省
完　成　年 …… 昭和6年（1931年）

CONFERENCE ON THE REVISION OF TREATIES
Artist : Kouichi Ueno

岩倉邸行幸(いわくらていぎょうこう)

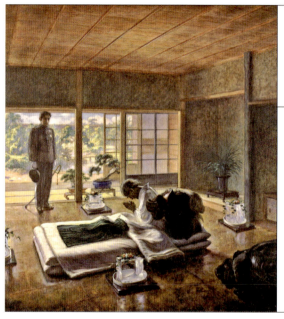

病の岩倉具視をお見舞いになる

明治維新の立役者であり明治政府を支えてきた岩倉具視は、咽頭がんを患って病床にありました。この絵は、明治16年7月19日、天皇が岩倉を見舞う光景を描いたものです。岩倉はこの翌日に逝去しました。

画　　　家 …… 北蓮蔵(きたれんぞう)
奉　納　者 …… 東京商業会議所
壁画の舞台 …… 明治16年(1883年)東京・岩倉邸
完　成　年 …… 昭和2年(1927年)

もっと知りたい！
床から起き上がれない岩倉は、布団の上に袴を置いて礼装の代わりとしています。布団周りの氷が、この日の酷暑を物語っています。

THE EMPEROR VISITING A SICK IWAKURA
Artist : Renzo Kita

華族女学校行啓
（かぞくじょがっこうぎょうけい）

> 皇后が
> 華族女学校を
> ご訪問

女子教育に注目されていた皇后は、華族女学校の設立を指示します。開校の際は行啓し、お言葉を述べられました。描かれているのは、壇上の皇后に対して校長の谷干城（たにかんじょう）が答辞を述べている光景です。

もっと知りたい！
華族女学校は赤坂仮皇居に隣接して建てられたので、皇后は開校後も時おり行啓して授業をご覧になりました。

画　　　家 …… 跡見泰（あとみゆたか）
奉　納　者 …… 常磐会
壁画の舞台 …… 明治18年（1885年）東京・四谷尾張町
完　成　年 …… 昭和2年（1927年）

THE EMPRESS AT THE PEERESSES' SCHOOL
Artist : Yutaka Atomi

東京慈恵医院行啓

皇后が慈恵医院の患者を慰問される

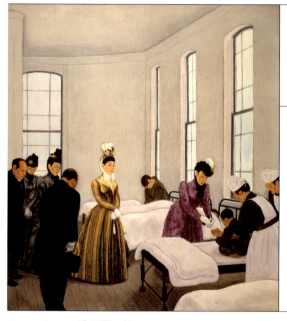

「東京慈恵医院」は、「有志共立東京病院」として設立された貧しい人を診療する施療病院でした。皇后はこの病院の婦人慈善会総裁に就任し、改名されました。開院式後、患者を見舞われる姿が描かれています。

画　　家 …… 満谷国四郎（みつたにくにしろう）
奉 納 者 …… 東京慈恵会
壁画の舞台 …… 明治20年（1887年）東京・東京慈恵医院
完 成 年 …… 昭和2年（1927年）

もっと知りたい！
中央の黄色の衣装が皇后。その前でオモチャを手渡しているのは、東京慈恵医院の幹事長を務める有栖川宮熾仁親王妃の董子殿下です。

PATRONESS OF THE TOKYO CHARITY HOSPITAL
Artist : Kunishiro Mitsutani

枢密院憲法会議
すうみついんけんぽうかいぎ

PART.2 50

天皇ご臨席で憲法草案の審議が行われる

明治政府は議会開設のため憲法制定の作業を開始します。伊藤博文らの尽力で草案が完成し、明治21年に設置された「枢密院」で、草案の審議が始まりました。天皇臨席の会議の模様が描かれています。

もっと知りたい！
天皇の右隣に立つのが憲法草案の主旨を説明する枢密院議長の伊藤博文です。天皇は8カ月に渡る憲法会議のすべてに出席されました。

画　　　家 …… 二世五姓田芳柳（にせいごせだほうりゅう）
奉　納　者 …… 侯爵 伊藤博邦
壁画の舞台 …… 明治21年（1888年）東京・赤坂仮皇居
完　成　年 …… 大正15年（1926年）

THE PRIVY COUNCIL DRAFTING THE CONSTITUTION
Artist : Horyu Goseda II

憲法発布式(けんぽうはっぷしき)

大日本帝国憲法が発布される

明治22年2月11日の紀元節、憲法発布式が行われました。この絵は竣功まもない皇居正殿において、天皇が首相である黒田清隆に憲法の原本をお渡しになっている光景を描いたものです。これによって日本は、アジア初の立憲国家となりました。

画　　　家 …… 和田英作(わだえいさく)
奉　納　者 …… 侯爵 島津忠重
壁画の舞台 …… 明治22年(1889年)東京・皇居正殿
完　成　年 …… 昭和11年(1936年)

もっと知りたい！
画家の和田英作は、参列者すべての服装や勲章を精査し、前夜からの積雪による光の反射をも考慮してこの絵を描きました。

PROMULGATION OF THE CONSTITUTION
Artist : Eisaku Wada

憲法発布観兵式行幸啓
（けんぽうはっぷかんぺいしきぎょうこうけい）

憲法発布を記念する観兵式にお出まし

憲法発布式終了後、天皇と皇后は、青山練兵場で行われる陸海軍の観兵式に臨むため皇居を出発されました。お乗りになった馬車が桜田門を通過した直後の様子が描かれています。周囲には前夜から降り続いた雪が見えます。

もっと知りたい！

隊列の中央が、両陛下が乗られた馬車です。このように皇室の重要儀式に用いられる飾られた馬車を「儀装馬車」と呼びます。

画　　　家 …… 片多徳郎（かただとくろう）
奉　納　者 …… 日本興業銀行
壁画の舞台 …… 明治22年（1889年）東京・桜田門
完　成　年 …… 昭和3年（1928年）

GRAND PARADE TO CELEBRATE THE CONSTITUTION
Artist : Tokuro Katada

歌御会始(うたごかいはじめ)

新宮殿で行われた憲法発布後初の歌御会始

天皇によって催される歌会を「歌御会」といい、そのなかで年の初めの歌御会が「歌御会始」です。描かれている明治23年の歌御会始は、憲法が発布されてから初となるもので「寄国祝(くにによるいわい)」というお題が設けられました。

- 画　　　家 …… 山下新太郎(やましたしんたろう)
- 奉　納　者 …… 宮内省
- 壁画の舞台 …… 明治23年(1890年) 東京・皇居
- 完　成　年 …… 昭和2年(1927年)

もっと知りたい！

明治天皇は、その生涯において約10万首の御製をお詠みになりました。これは生涯において毎日4首以上詠まないと到達しない数字です。

POETRY PARTY AT THE IMPERIAL PALACE
Artist : Shintaro Yamashita

陸海軍大演習御統監
りくかいぐんだいえんしゅうごとうかん

陸海軍の演習を
ご視察になる

明治23年3月31日、愛知県の三河地方で陸海軍連合大演習が行われ、天皇はこれをご視察になりました。先頭に描かれているのが天皇です。この日は激しい雨でしたが、天皇は臆することなく馬を進められました。

もっと知りたい！
先頭の天皇が乗っているのが愛馬「金華山」号。中央の赤い旗は天皇旗です。その左隣は、内閣総理大臣の山縣有朋です。

画　　　　家	長原孝太郎（ながはらこうたろう）
奉　納　者	名古屋市
壁画の舞台	明治23年（1890年）愛知・雁宿山
完　成　年	昭和6年（1931年）

THE EMPEROR AT JOINT MILITARY MANEUVERS
Artist : Kotaro Nagahara

教育勅語下賜
きょういくちょくごかし

教育勅語を下賜される

「教育勅語」とは、全315文字からなる国民道徳の基礎を説いたもので、天皇の著作として位置づけられます。教育勅語を賜った総理大臣の山縣有朋と文部大臣の芳川顕正(よしかわあきまさ)が、御座所から退出する場面が描かれています。

- 画　　　家 …… 安宅安五郎(あたかやすごろう)
- 奉　納　者 …… 茗渓会
- 壁画の舞台 …… 明治23年(1890年) 東京・皇居
- 完　成　年 …… 昭和5年(1930年)

もっと知りたい！

描かれているのは、皇居内の表御座所です。天皇はこの日、風邪気味であったために、二人を内廷に呼んで勅語を下賜されました。

THE IMPERIAL RESCRIPT ON EDUCATION
Artist : Yasugoro Ataka

帝国議会開院式臨御
ていこくぎかいかいいんしきりんぎょ

帝国議会の開院式にお出ましになる

わが国における初めての議会は、明治23年11月29日に開かれました。この日、天皇は開院式にお出ましになり、貴族院議長の伊藤博文に勅語を授けられました。壇上の中央が天皇、右斜め下が伊藤、階下は衆議院議長です。

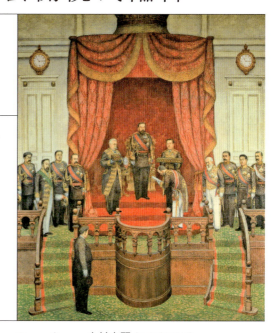

もっと知りたい！
貴族院は、皇族・華族、国家功労者、学識者、多額納税者が構成員で、衆議院とほぼ対等の権利を持っていました。

画　　　家 …… 小杉未醒（こすぎみせい）
奉 納 者 …… 貴族院＋衆議院
壁画の舞台 …… 明治23年（1890年）東京・貴族院
完 成 年 …… 昭和3年（1928年）

INAUGURATION OF THE FIRST IMPERIAL DIET
Artist : Misei Kosugi

大婚二十五年祝典

天皇と皇后のご結婚25周年

明治27年、天皇と皇后は結婚25周年を迎えられ、西洋の「銀婚式」の風習を採り入れて祝典が行われました。描かれているのは、天皇と皇后が宮中正殿で舞楽の「万歳楽」をご覧になる光景です。親王や外国公使も観賞しています。

画　　　家 …… 長谷川昇（はせがわのぼる）
奉　納　者 …… 華族会館
壁画の舞台 …… 明治27年（1894年）東京・皇居
完　成　年 …… 昭和2年（1927年）

もっと知りたい！

「舞楽」とは、器楽合奏を伴奏として舞を舞う雅楽曲の一種です。万歳楽は、平成21年（2009年）の明治神宮の大祭でも奉納されています。

SILVER WEDDING ANNIVERSARY OF THE EMPEROR
Artist : Noboru Hasegawa

日清役平壌戦
にっしんえきへいじょうせん

日清戦争で平壌を攻撃する

明治27年7月に日清戦争が勃発します。当初は艦隊戦でしたが、9月に平壌総攻撃という大規模な地上戦が展開されました。混成第九旅団の参謀・長岡外史が馬上から突撃を命じている場面が描かれています。

もっと知りたい！
遠くに見えるのが平壌の町。手前では負傷兵が救護されています。この平壌戦の勝利によって、戦局は日本に有利に傾きました。

画　　　家 …… 金山平三（かなやまへいぞう）
奉　納　者 …… 神戸市
壁画の舞台 …… 明治27年（1894年）平壌
完　成　年 …… 昭和8年（1933年）

THE BATTLE OF PYONGYANG
Artist : Heizo Kanayama

PART.2 59

日清役黄海海戦
（にっしんえきこうかいかいせん）

黄海にて清国の艦隊と交戦

陸軍が平壌を占拠した頃、海軍は朝鮮半島の西岸の黄海にて清国の艦隊と激しく交戦しました。描かれているのは、黄海での海戦の模様です。この戦いに勝ち制海権を得たわが国は、これ以降の戦いを優位に進めました。

画　　　家 …… 太田喜二郎（おおたきじろう）
奉　納　者 …… 大阪商船株式会社
壁画の舞台 …… 明治27年（1894年）黄海
完　成　年 …… 昭和2年（1927年）

もっと知りたい！
わが国の小型艦「比叡」（手前右）が、敵の艦隊に突撃し、清の巨艦「来遠」（手前左）らの砲撃を受けて火災を起こしている様子です。

THE BATTLE OF THE YELLOW SEA
Artist : Kijiro Ota

広島大本営軍務親裁
ひろしまだいほんえいぐんむしんさい

広島の大本営に滞在される

清国との戦争が始まると、天皇は大本営を広島に置き、この地に明治27年9月15日から翌年の4月26日まで、延べ225日もの間滞在されました。深夜の大本営にて戦況報告を聞かれる天皇が描かれています。

もっと知りたい！
天皇は、前線の将兵たちの苦労を慮られ、戦地と同じ環境を望まれたので、粗末な木造の部屋で冬期はストーブもなく過ごされました。

画　　　家	南薫造（みなみくんぞう）
奉 納 者	侯爵 浅野長勲
壁画の舞台	明治27年〜明治28年（1894年〜1895年）広島・第五師団司令部
完 成 年	昭和3年（1928年）

THE EMPEROR AT THE IMPERIAL HEADQUARTERS
Artist : Kunzo Minami

広島予備病院行啓
(ひろしまよびびょういんぎょうけい)

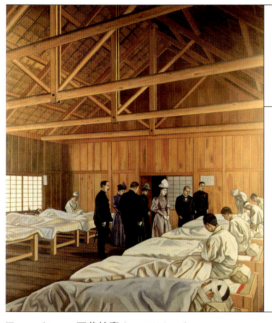

皇后が広島の病院をご慰問になる

明治28年3月、皇后は広島の大本営に到着し、およそ半年ぶりに天皇にお会いになりました。そして広島の病院で戦傷病者を慰問されました。広島予備病院本院でご慰問される皇后が描かれています。

画　　　家 …… 石井柏亭（いしいはくてい）
奉　納　者 …… 日本医学会・日本医師会
壁画の舞台 …… 明治28年（1895年）広島・陸軍予備病院
完　成　年 …… 昭和4年（1929年）

もっと知りたい！
日清戦争が始まると、皇后は医療面からの支援を積極的になさいます。宮中には包帯製作所を設けて、自らも製作に励まれました。

THE EMPRESS VISITING WOUNDED SOLDIERS
Artist : Hakutei Ishii

下関講和談判
しものせきこうわだんぱん

下関で清との講和条約に調印

日清戦争で勝利を重ねたわが国に対して、清国から講和の申し入れがありました。描かれているのは、明治28年4月に下関市で行われた講和条約調印の様子。机の向こう側に座る中央右が首相の伊藤博文です。

もっと知りたい！
この調印式の舞台となったのは、下関市にある春帆楼。日本のふぐ料理公許第一号となった老舗のふぐ料理店です。

画　　　家 …… 永地秀太（ながとちひでた）
奉　納　者 …… 下関市
壁画の舞台 …… 明治28年（1895年）下関・春帆楼
完　成　年 …… 昭和4年（1929年）

PEACE CONFERENCE AT SHIMONOSEKI
Artist : Hideta Nagatochi

台湾鎮定
たいわんちんてい

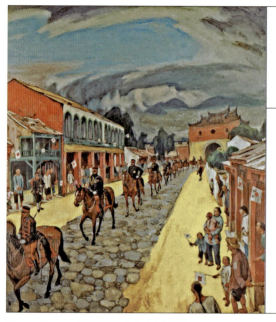

日本領となった台湾の反乱を鎮める

下関講和条約によって台湾は日本領となりましたが、現地では反乱が起きていました。そこで北白川宮能久親王の部隊が現地に上陸し、これを鎮圧します。能久親王の軍が台北城に入城する様子が描かれています。

画　　　家 …… 石川寅治（いしかわとらじ）
奉　納　者 …… 台湾総督府
壁画の舞台 …… 明治28年（1895年）台北城
完　成　年 …… 昭和3年（1928年）

もっと知りたい！

先頭から3騎目が能久親王です。能久親王は台北城への入場の3カ月後、当地で伝染病に罹り薨去されました。

RESTORATION OF PEACE IN TAIWAN
Artist : Toraji Ishikawa

靖國神社行幸
やすくにじんじゃぎょうこう

靖國神社を
ご親拝になる

明治28年12月17日、靖國神社に日清戦争の戦死者が合祀され、天皇がご親拝になりました。天皇が靖國神社の社殿の階段を登られる様子が描かれています。階段の左側を登って天皇を先導するのは、祭典委員長の川上操六です。

もっと知りたい！
幕末以来わが国のために命を捧げた人の霊を祀るために創建されたのが「東京招魂社」。これが後に「靖國神社」と改名されました。

画　　　家 …… 清水良雄（しみずよしお）

奉　納　者 …… 第一銀行

壁画の舞台 …… 明治28年（1895年）東京・靖國神社

完　成　年 …… 昭和4年（1929年）

THE EMPEROR AT YASUKUNI SHRINE
Artist : Yoshio Shimizu

振天府
しんてんふ

日清戦争の戦利品を陳列した建物

日清戦争の帰還兵によって、数々の戦利品が献上されました。天皇はこれらを陳列してその武功を称えるため、陳列庫を建造し「振天府」と名付けられました。陳列品の一部や、戦利品を運ぶ様子などが描かれています。

画　　　家 …… 川村清雄（かわむらきよお）
奉　納　者 …… 侯爵 徳川家達
壁画の舞台 …… 明治30年（1897年）東京・皇居
完　成　年 …… 昭和6年（1931年）

もっと知りたい！
川村清雄は、わが国の洋画黎明期を代表する画家です。絵画館の自分の絵が掲げられる場所を見て、この構図を着想したそうです。

SHINTENFU HALL
Artist : Kiyo Kawamura

日英同盟
にちえいどうめい

イギリスとの同盟が成立

ロシア主導の三国干渉によって、日清戦争で得た遼東半島の返還をわが国は余儀なくされます。ロシアとの関係が緊迫するなか日本はイギリスとの同盟を選択しました。貴族院で日英同盟の締結が発表される光景が描かれています。

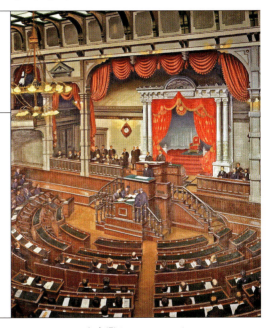

 もっと知りたい！
壇上中央が、日英同盟を発表する内閣総理大臣の桂太郎です。桂はイギリスと同盟することの利点を繰り返し天皇に上奏しました。

画　　　家	山本鼎（やまもとかなえ）
奉　納　者	朝鮮銀行
壁画の舞台	明治35年（1902年）東京・貴族院
完　成　年	昭和7年（1932年）

THE ANGLO-JAPANESE TREATY OF ALLIANCE
Artist : Kanae Yamamoto

PART.2 67

赤十字社総会行啓
（せきじゅうじしゃそうかいぎょうけい）

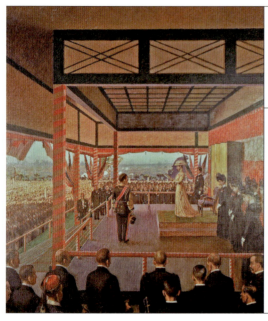

日本赤十字社の総会に皇后がお出ましになる

「赤十字社」は、戦時傷病者の救助を目的に設立された団体です。日本では、西南戦争時「博愛社」が設立され、後に「日本赤十字社」と改称されています。皇后が同社の総会でお言葉を述べられる光景です。

画　　　家 …… 湯浅一郎（ゆあさいちろう）
奉　納　者 …… 日本赤十字社
壁画の舞台 …… 明治35年（1902年）東京・上野公園
完　成　年 …… 昭和4年（1929年）

もっと知りたい！
皇后から赤十字社に下賜されたお金は、後に「昭憲皇太后基金」とされ、今でもご命日の4月11日に基金の利息が同社に配分されています。

THE EMPRESS ATTENDING THE GENERAL MEETING OF THE JAPANESE RED CROSS SOCIETY
Artist : Ichiro Yuasa

対露宣戦御前会議
たいろせんせんごぜんかいぎ

御前会議でロシアとの開戦が決定

日英同盟締結後、ロシアが満州に大軍を進めたことで、日露関係はさらに悪化。明治37年2月4日の御前会議において、ロシアとの開戦が決しました。その会議の模様が描かれ、首相の桂太郎が起立して発言しています。

 もっと知りたい！
この壁画の画家は児島虎次郎に決まっていましたが、昭和4年に急逝したため故人と親交のあった吉田苞が担当しました。

画　　　家	吉田苞（よしだしげる）
奉　納　者	侯爵 松方巌
壁画の舞台	明治37年（1904年）東京・皇居
完　成　年	昭和9年（1934年）

DECLARATION OF WAR WITH RUSSIA
Artist : Shigeru Yoshida

日露役旅順開城

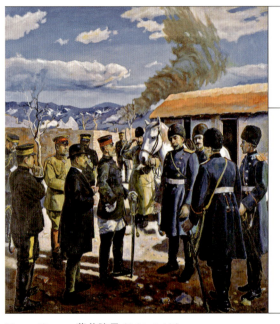

旅順の要塞が陥落

ロシアが構築した旅順要塞は、死傷者6万人という多大な犠牲を払った末、ついに陥落しました。水師営において、ロシア軍の司令官ステッセルが、自身の愛馬を乃木希典大将に贈る場面が描かれています。

画　　　家 …… 荒井陸男（あらいろくお）
奉　納　者 …… 関東府
壁画の舞台 …… 明治38年（1905年）旅順口水師営
完　成　年 …… 昭和3年（1928年）

もっと知りたい！
戦いに敗れたロシアの将校たちが剣を帯びているのは、天皇による特別な配慮のためです。馬が贈られたのは、この返礼でした。

THE SURRENDER OF PORT ARTHUR
Artist : Rokuo Arai

日露役奉天戦

日本軍が奉天城に入城する

日露戦争最大の戦闘が、日本軍約25万人、ロシア軍約37万人が戦った奉天戦です。日本軍は兵力で劣りましたが、攻勢をかけてロシア軍を退却させ奉天を占拠しました。総司令官の大山巌を先頭に奉天城に入場する光景が描かれています。

もっと知りたい！
大山巌の右後ろは、参謀総長の児玉源太郎です。隊列が通過しているのは、奉天城の南大門です。

画　　家	鹿子木孟郎（かのこぎたけしろう）
奉 納 者	南満州鉄道株式会社
壁画の舞台	明治38年（1905年）奉天城
完 成 年	大正15年（1926年）

THE BATTLE OF MUKDEN
Artist : Takeshiro Kanokogi

日露役日本海海戦

ロシアのバルチック艦隊を撃破

明治38年5月27日、日本海上で日本海軍はロシアのバルチック艦隊38隻のうち34隻を撃破する大勝利を収めました。描かれているのは、連合艦隊司令長官の東郷平八郎が乗船していた旗艦「三笠」の勇姿です。

- 画　　家 …… 中村不折（なかむらふせつ）
- 奉 納 者 …… 日本郵船株式会社
- 壁画の舞台 …… 明治38年（1905年）日本海
- 完 成 年 …… 昭和3年（1928年）

もっと知りたい！
三笠には東郷平八郎の他、作戦参謀だった秋山真之も乗船しています。この勝利で、日露戦争は講和に向けて本格的に動き出します。

THE BATTLE OF THE SEA OF JAPAN
Artist : Fusetsu Nakamura

ポーツマス講和談判

ポーツマスでロシアとの講和条約に調印

明治38年9月5日、アメリカのポーツマスで日本とロシアが講和条約に調印し日露戦争は終結します。描かれているのは、両国の全権委員が調印するところ。机の左側中央が外務大臣の小村寿太郎です。

もっと知りたい！

画家の白滝幾之助は、講和会議のときアメリカに滞在中で、この会議は重要な題材になると直感し、その模様を取材していました。

画　　　家	白滝幾之助（しらたきいくのすけ）
奉 納 者	横浜正金銀行
壁画の舞台	明治38年（1905年）アメリカ・ポーツマス海軍工廠
完 成 年	昭和6年（1931年）

THE PORTSMOUTH PEACE CONFERENCE
Artist : Ikunosuke Shirataki

凱旋観艦式
がいせんかんかんしき

> 横浜沖にて
> 連合艦隊を
> ご視察になる

日露戦争を戦った連合艦隊の凱旋観艦式が横浜沖で行われ、天皇は御召艦「浅間」からご視察になりました。中央に描かれているのが天皇で、その右隣に立つのが連合艦隊司令長官の東郷平八郎です。

画　　　家 …… 東城鉦太郎（とうじょうしょうたろう）
奉 納 者 …… 海軍省
壁画の舞台 …… 明治38年（1905年）神奈川・横浜沖
完 成 年 …… 昭和4年（1929年）

もっと知りたい！
観艦式には諸艦156隻が参加。御召艦はその間を進み、天皇の傍らに立つ東郷平八郎が、艦艇の履歴や戦闘当時の状況をご説明しました。

THE TRIUMPHAL GRAND NAVAL REVIEW
Artist : Shotaro Tojo

凱旋観兵式
（がいせんかんぺいしき）

青山練兵場で陸軍部隊をご視察になる

陸軍の凱旋観兵式が青山練兵場で行われ、天皇がご視察になりました。整列した3万1千余人もの兵たちを馬車の中からご覧になる天皇と、満州軍総司令官の大山巌（後列騎馬中央）らが描かれています。

もっと知りたい！

凱旋観兵式が行われた青山練兵場があった場所は、今の神宮外苑です。その外苑の中心に造られたのが、聖徳記念絵画館です。

画　　　家 …… 小林万吾（こばやしまんご）
奉　納　者 …… 陸軍省
壁画の舞台 …… 明治39年（1906年）東京・青山練兵場
完　成　年 …… 昭和6年（1931年）

THE TRIUMPHAL GRAND ARMY REVIEW
Artist : Mango Kobayashi

樺太国境画定
からふとこっきょうかくてい

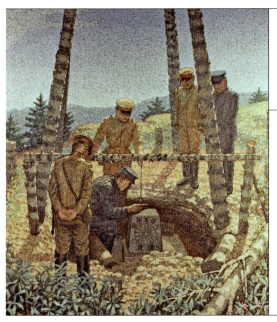

日露両国が樺太の国境を画定して表示する

日露講和条約によって、樺太の北緯50度より南は日本の領土となりました。そこで日露両国の委員が国境画定のために、当該地130キロ余りを踏破して境界標、標石を設置しました。その模様が描かれています。

画　　　家 …… 安田稔（やすだみのる）
奉　納　者 …… 日本石油株式会社
壁画の舞台 …… 明治39年～明治40年（1906年～1907年）
　　　　　　　樺太日露境界
完　成　年 …… 昭和7年（1932年）

もっと知りたい！
標石に彫刻されているのは菊花章です。これを模造したものが、聖徳記念絵画館の庭に記念碑と共に設置されています。

DEMARCATION OF THE SAGHALIEN FRONTIER
Artist : Minoru Yasuda

観菊会
かんぎくかい

皇后と共に観菊会にお出ましになる

国際親善のために行われる赤坂御苑の「観菊会」は西洋の園遊会に倣ったもので、明治13年から毎秋に開催されていました。秋晴れとなった観菊会に、天皇と皇后がお出ましになる様子が描かれています。

もっと知りたい！

秋の観菊会と同様の主旨で、春には観桜会が開催されていました。現在、秋と春に行われる園遊会は、観菊会と観桜会を継承した催しです。

画　　　家 …… 中沢弘光（なかざわひろみつ）
奉　納　者 …… 侯爵 徳川頼貞
壁画の舞台 …… 明治42年（1909年）東京・赤坂御苑
完　成　年 …… 昭和6年（1931年）

THE CHRYSANTHEMUM GARDEN PARTY
Artist : Hiromitsu Nakazawa

日韓合邦
にっかんがっぽう

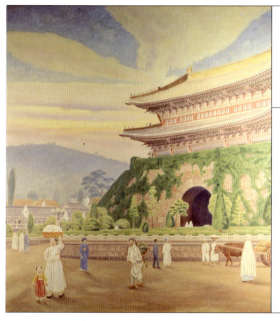

日韓併合当時の京城南大門

明治43年、韓国併合の条約の調印が行われ、政務を行う朝鮮総督府が設置されました。描かれているのは、併合当時の京城南大門付近の風景。和服姿の婦人と朝鮮の民族衣装姿の人が共に歩く姿も描かれています。

画　　　家 …… 辻永（つじひさし）
奉　納　者 …… 朝鮮総督府
壁画の舞台 …… 明治43年（1910年）京城南大門
完　成　年 …… 昭和2年（1927年）

もっと知りたい！
京城南大門は、平成20年（2008年）に放火によって日韓併合当時の木造部分が消失しました。現在は復元されています。

THE UNION OF KOREA AND JAPAN
Artist : Hisashi Tsuji

東京帝国大学行幸
とうきょうていこくだいがくぎょうこう

東京帝国大学の卒業式にお出ましになる

明治45年7月、天皇は東京帝国大学の卒業式で優等卒業生に賞品をご下賜されました。天皇を乗せた馬車が、大学正門に向かう光景が描かれています。これが明治天皇にとって最後の行幸となりました。

もっと知りたい！
優等生に贈られたのは銀時計でした。天皇は、この日、体調がすぐれませんでした。そしてこの後、間もなくしてご発病になります。

画　　　家 …… 藤島武二（ふじしまたけじ）
奉　納　者 …… 侯爵 前田利為
壁画の舞台 …… 明治45年（1912年）東京・東京帝国大学
完　成　年 …… 昭和11年（1936年）

THE EMPEROR AT TOKYO IMPERIAL UNIVERSITY
Artist : Takeji Fujishima

不豫(ふよ)

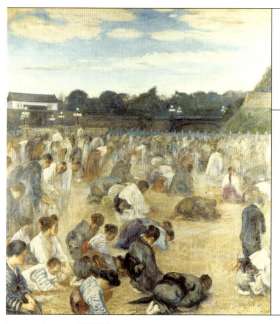

天皇のご平癒を願う人々

「豫」とは喜ぶという意味で、「不豫」で喜ばないこと。転じて天皇の病気を意味することばです。明治45年7月20日、天皇のご不例が発表されると、皇居の二重橋前にはご平癒を願う人たちが集まりました。

画　　　家 …… 田辺至 (たなべいたる)
奉　納　者 …… 東京府
壁画の舞台 …… 明治45年 (1912年) 東京・二重橋外
完　成　年 …… 昭和2年 (1927年)

もっと知りたい！
明治の国民は懸命にご平癒を願いましたが、明治45年7月30日午前0時43分、明治天皇は御年59歳で崩御されました。

THE EMPEROR'S FINAL ILLNESS
Artist : Itaru Tanabe

大葬
たいそう

明治天皇の大喪の儀が行われる

大正元年9月13日、東京青山葬場殿で、天皇の大喪の儀が行われました。御陵は明治天皇のご遺志により京都の伏見桃山と定められます。14日の夕刻、霧雨の中をご霊柩を乗せた葱花輦（そうかれん）が御陵へと続く坂道を進む光景が描かれています。

もっと知りたい！

東京青山葬場殿は、当時の青山練兵場に設けられたものです。この青山葬場殿跡に建てられたのが聖徳記念絵画館です。

画　　　家 …… 和田三造（わださんぞう）
奉　納　者 …… 明治神宮奉賛会
壁画の舞台 …… 大正元年（1912年）京都・伏見桃山
完　成　年 …… 昭和8年（1933年）

THE IMPERIAL FUNERAL
Artist : Sanzo Wada

クイズ

探してみよう

80点の絵のどこかに「とり」「ローソク」「いぬ」「白馬の王子」が描かれています。探してみてください。

とり 同じ絵に3羽います

ローソク 暗いところにあります

いぬ オモチャのいぬです

白馬の王子 空を駆けています

答え
●とり……31 鳥を愛する王家／幸せな国王 43 ●ローソク……49 東京美術学校／目覚めの時 ●白馬の王子……65 田園の幸福 山種美術館

3章
3点で知る幕末・明治と壁画秘話

80点の壁画から3点ずつセレクトして、
衣装の変遷や壁画の制作秘話を
作品横断的に解説。

3点で知る

明治天皇、服装の変化

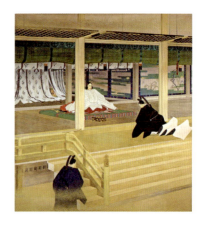

  ③

① 践祚　4
② 中国西国巡幸鹿児島着御　24
③ 侍講進講　30

　明治政府にとっての大きな懸案だったのが、徳川幕府が西欧諸国と結んだ不平等条約の改正と外国人に認められた治外法権の撤廃でした。このためには日本が文明国であることを示す必要があると考えた政府は、急速な西欧化を進めます。明治天皇の服装も、その象徴となるべく短期間で大きく様変わりしました。その変化の過程を、3点の壁画から見てみましょう。

「**践祚**」は、慶応3年のものです。つまり明治元年の前年でありながら、その服装は平安時代を思わせます。もちろん、描かれているのは儀式の服装ですが、日常の服装もそれほど大きく変わるものではありませんでした。

「**中国西国巡幸鹿児島着御**」は明治5年のものですが、馬上の天皇はもちろん、隊列を組む兵士たちもみんなフランス陸軍式に洋装化しています。天皇の行幸、

■■■ 3点で知る幕末・明治と壁画秘話 ❶

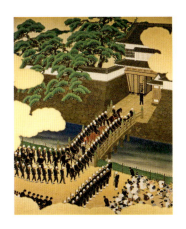

巡幸は、このように西洋化した軍服を着て民衆の前に現れ、日本の近代化をアピールすることが大きな目的でした。このため天皇や軍の洋装化は、民衆生活よりも大きく先駆けたものとなっています。このことは、この絵の右下で平伏する民衆がまだ和装のままであることからもわかります。

ちなみに「大総督熾仁親王京都進発（10）」で描かれている軍隊は和装に足袋姿ですが、これが明治元年のこと。軍隊は5年の歳月でこれほど様変わりしたのです。

「侍講進講」は明治7年のものです。この絵からは、行幸、巡幸といった場でなくても、天皇が洋装していたことが窺い知れます。1点目の「踐祚」から、この間、わずか8年しか経っていません。

3点で知る

昭憲皇太后、服装の変化

① ② ③

① 富岡製糸場行啓　28
② 内国勧業博覧会行幸啓　38
③ 東京慈恵医院行啓　49

　明治天皇に続き、皇后である昭憲皇太后の服装の変化も見てみましょう。「富岡製糸場行啓」は、皇后の行啓が描かれた最初のものです。江戸時代の皇后は、天皇と同様、人前に出ることは滅多にありませんでしたが、明治の世には、新時代の到来をアピールするために積極的に行啓が行われました。この壁画の舞台である明治6年はまだ和装姿ですが、その足元がブーツであることが印象的です。

　「内国勧業博覧会行幸啓」で興味深いのは、天皇は洋装ですが、皇后は和装であることです。ここからもわかるように、公の洋装化は男性が先んじて行われました。この後、皇后の和装の姿は明治18年の「華族女学校行啓（48）」まで続きます。転機は、明治20年に昭憲皇太后自らが女性の洋装化を推奨

された「婦女服制の思召書」でした。これにより皇后の服装も大きく変化していきます。

その様子は、洋装した皇后が描かれた「東京慈恵医院行啓」に見ることができます。そしてこれ以降、昭憲皇太后の姿は、すべて洋装になります。聖徳記念絵画館にある80点の壁画のなかに、昭憲皇太后を描いたものは全部で13点ありますが（番号だけを記すと28、32、34、38、40、48、49、51、53、57、61、67、76）これらを巡っていけば、皇后の服装の変化を追うことができます。なお皇后の最後の和装が描かれた「華族女学校行啓（48）」と、最初の洋装が描かれた「東京慈恵医院行啓」は隣り合って飾られており、この両者は一緒に眺めることができます。

3点で知る
天皇の乗り物

① ② ③

① 二条城太政官代行幸 9
② 農民収穫御覧 16
③ 憲法発布観兵式行幸啓 52

　80点の壁画には、行幸を題材にしたものが多く、そこには天皇の乗り物がいくつか描かれています。

　明治天皇にとって初めての行幸となった「二条城太政官代行幸」に描かれている乗り物は、葱華輦（そうかれん）です。輦とは天皇が乗る御輿で、この葱華輦は、屋根の上に葱の花の形が付いているのが特徴です。なぜ葱なのかについては諸説ありますが、葱は古来より生命力が強いとされており、そこから転じて魔除けの意味をもっていたという説があります。この葱華輦は、天皇の臨時の行幸の際に用いられるものでした。

　臨時の際に用いられる葱華輦に対して、正式なときに用いられたのが「農民収穫御覧」に描かれている鳳輦（ほうれん）です。これは屋根の上に鳳凰が据えられたもので、明治元年の京都から東京への行幸には、この鳳輦が用いられました。

3点で知る幕末・明治と壁画秘話 ❸

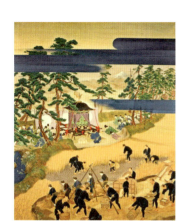 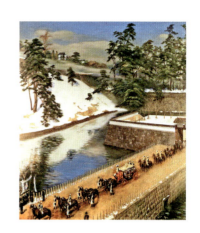

「農民収穫御覧」は東京への行幸の途上を、「東京御着輦(17)」は東京に到着した模様を描いたものですから、2つの壁画には同じ鳳輦が描かれています。

80点の壁画のなかで、輦が描かれているのは上記の3点で、これ以降、天皇の乗り物としては、馬車や馬が描かれています。

「憲法発布観兵式行幸啓」に描かれているのは、儀装馬車です。皇室の重要な行事に用いられる美しく飾られた馬車で、同壁画に描かれているのは鳳輦と同じく、屋根に鳳凰が据えられています。「陸海軍大演習御統監(54)」で、天皇が乗っているのが愛馬「金華山」号。明治9年の奥羽巡幸の際にお買い求めになられたもので、大砲の音にもまったく動じなかったというとても落ち着いた馬でした。この「金華山」号の剥製は、聖徳記念絵画館で見ることができます。

3点で知る
さまざまな旗

① ② ③

① 伏見鳥羽戦　7
② 大総督熾仁親王京都進発　10
③ 岩倉大使欧米派遣　21

　80点の壁画には、さまざまなデザインの旗が登場します。

「伏見鳥羽戦」には、戊辰戦争で使われた旗がいくつか描かれています。まず、中央に見える斜めに赤と白が配された旗は、新政府軍である長州隊のもの。これを持っているのは、長州藩の奇兵隊を率いる三浦梧楼です。その右に見える上下に赤と白が配色された旗は、薩摩隊のものです。この薩摩隊が放つ大砲の先には、会津藩の旗が見えます。

「大総督熾仁親王京都進発」に描かれているのは「錦の御旗」と呼ばれる旗です。鳥羽伏見の戦いの当初、人数で勝る旧幕府軍と装備を近代化した新政府軍とでは、勝敗の状況は不透明でした。これが天皇の軍隊であることを示す錦の御旗が新政府軍側に翻ったことで、一気に新政府軍側に流れが傾いたのです。

「岩倉大使欧米派遣」には、いくつもの日の丸が掲げられていますが、現在

■■■ 3点で知る幕末・明治と壁画秘話 ❹

見るものと少し形が異なっています。まず、手前の艀（はしけ）に掲げられているのは、幟（のぼり）タイプの日の丸です。また、奥の蒸気船に掲げられている日の丸も、厳密にいえば今の日の丸と異なっています。この「岩倉大使欧米派遣」の前年の明治3年、政府は商船に用いる日の丸の旗のサイズを縦横7対10、日の丸の位置を旗面の中央から100分の1だけ棹側に寄せたものと定めました。その後、この旗が長らく使われましたが、縦横比7対10の国旗は世界にあまり例がなく国際舞台において不便であるという指摘があり、平成11年に公布された「国旗及び国歌に関する法律」では、縦横比が2対3とされ、日の丸の位置も旗面の中央とされたのです。なお蒸気船にはアメリカ国旗も翻っていますが、これはこの船がアメリカの定期郵便船であるためです。岩倉使節団はこの船に乗って、最初の訪問地であるアメリカのサンフランシスコを目指しました。

3点で知る
明治はじめて物語

① ② ③

① 徳川邸行幸　31
② 憲法発布観兵式行幸啓　52
③ ポーツマス講和談判　72

　この3点の壁画には、それぞれ「はじめて」の物語があります。

　まず「徳川邸行幸」は、あんぱんに関する物語です。明治7年、木村屋により日本で初めて発売されたあんぱんが、大変な人気となりました。そこで木村屋の創業者である木村安兵衛は天皇に召し上がっていただこうと、古くから親交のある天皇の侍従・山岡鉄舟に相談します。宮中だと新しいものを召し上がっていただく機会がなかなかありません。そこで山岡鉄舟は、この徳川邸行幸の場でお茶菓子としてあんぱんを献上したのです。こうして天皇がはじめてあんぱんを召し上がったのが明治8年4月4日のため、4月4日は「あんぱんの日」となりました。

　「憲法発布観兵式行幸啓」に見られる「はじめて」は、バンザイの物語です。憲法発布式の後、帝国大学の学生たちは行幸啓の列をお迎えすることになりま

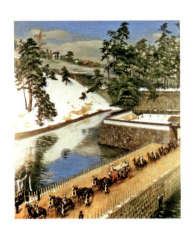 

したが、いつも通りの最敬礼よりよい方法はないかと考えます。そこで古来より祝福の舞としてしられる「萬歳」の読みを「まんざい」ではなく「バンザイ」として「バンザイ、バンザイ、バンバンザイ」と唱えることとしたのです。ただ、いつもは静かなパレードの最中に「バンザイ」と声が上がったために馬が驚いて止まってしまい、2回目の「バンザイ」は小さな声になり、最後の「バンバンザイ」は言えずに終わったそうです。左隅に見えるのが、その帝国大学の学生たちです。

「ポーツマス講和談判」の「はじめて」は、万年筆の登場です。これまで国家間の調印などで用いられる筆記用具は筆や羽根ペンでしたが、この場で、ウォーターマン社が開発した万年筆が初めて用いられたのです。液垂れしないこの便利な筆記用具は、これ以降、重要な会談で重用されるようになりました。

3点で知る
女子教育のパイオニア

① 岩倉大使欧米派遣　21
② 女子師範学校行啓　34
③ 華族女学校行啓　48

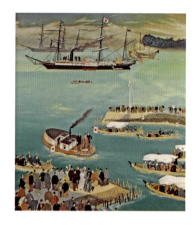

　明治天皇の皇后である昭憲皇太后は、早くから女子教育の重要性に着目し、女学校にも積極的に足を運ばれました。そんな行啓の風景を描いた壁画などから、女子教育のパイオニアともいうべき3人をご紹介します。

「岩倉大使欧米派遣」で、右下の船に乗っている赤い着物姿の少女は、後に津田塾大学の創設者となる津田梅子です。このとき6歳だった梅子は、11年間アメリカで暮らした後に帰国。アメリカ生活で日本女性の地位が低いことを肌で感じた梅子は、華族女学校の教師などを経て、明治33年に女子英学塾（現・津田塾大学）を開校。女子教育を通じて女性の地位向上に情熱を注ぎました。

「女子師範学校行啓」の舞台となっている東京女子師範学校は、現在のお茶の水女子大学です。この壁画に描かれているのは、同校の開校式の模様ですが、この日、生徒代表として皇后に御前講義を行ったのが青山千世という女

性でした。後年、彼女が生み育てたのが山川菊栄です。山川は津田梅子の女子英学塾を卒業し、初代・労働省婦人少年局長となって、女性や若い労働者の保護や福祉行政に尽力。「フェミニズムの源流」と呼ばれた女性は、この女子師範学校で学んだ青山千世の娘だったのです。

「華族女学校行啓」で、壇上の皇后の向こう側、黄緑色の着物姿で描かれているのが下田歌子です。下田歌子は、本名を平尾鉎といいましたが、宮中に出仕して皇后に仕えていたとき、その和歌の才能を愛されて歌子という名前を賜りました。その後、上流女子教育のための「下田学校」（後の桃夭学校）を創立し、欧米へ留学。海外で一般女子教育の必要性を感じた歌子は、実践女学校（現・実践女子学園）と女子工芸学校を設立しました。東アジアの連帯を願っていた歌子は、清国からの留学生も多数受け入れています。

3点で知る
西郷隆盛の魅力

① 江戸開城談判　13
② 中国西国巡幸鹿児島着御　24
③ 習志野之原演習行幸　27

　絵画館には、明治維新の立役者である西郷隆盛を描いた壁画が3点あります。
1点目は「江戸開城談判」で、左側の人物が西郷、右側が旧幕臣の勝海舟です。
　薩長を中心とした新政府軍は、江戸城への総攻撃の日を明治元年3月15日と予定していました。しかし、勝海舟はこの事態を回避しようと、江戸城を明け渡すので総攻撃をやめるように、西郷隆盛に訴えに行きます。このとき勝海舟は、勝者の側である西郷が、終始、座を正してその手を膝の上にし、少しも敗軍の将を軽蔑する態度を見せなかったことに感銘を受けます。どんな時でも尊大ぶらなかった西郷隆盛の人間性は、この絵からも伝わってくるのではないでしょうか。
　2点目の「中国西国巡幸鹿児島着御」は、明治5年に主に海路を経て行われた「九州・西国巡幸」の模様を描いたものです。描かれている建物は、旧鹿児

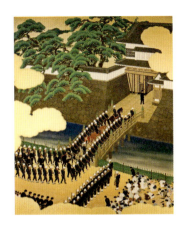 

島城内にあった旧島津邸で、中央の橋を渡り始めようとしている馬上の人が明治天皇。そして、そこからひとりおいて歩いているのが、この行幸の供をした西郷隆盛です。西郷は、病のためしだいに馬に乗るのを嫌いました。

3点目の「習志野之原演習行幸」は、明治6年に明治天皇の指揮により行われた戦闘演習の模様を描いたものです。馬上から演習をご覧になっているのが明治天皇で、その左側に立つのが西郷隆盛。陸軍元帥であった西郷隆盛は、このときもまた徒歩で付き従っています。

明治天皇は、自身の教育係も務めていた西郷隆盛を、ことのほか慕っていたとされています。そんな西郷が西南戦争に加わったことは、天皇にとって大きな悲しみでした。西郷が西南戦争で死ぬと、天皇はほどなくして西郷を追悼する歌会を開いています。

3点で知る

訪れることが
できる部屋

| ① | ② | ③ |

① 岩倉邸行幸　47
② 枢密院憲法会議　50
③ 下関講和談判　62

　80点の壁画に描かれている場所のなかには、今でも実際に訪れることができる部屋が3つあります。

「岩倉邸行幸」で描かれている部屋は、兵庫県西宮市の西宮神社境内に現存しています。岩倉具視の死後、丸の内にあった彼の私邸は、同地一帯を広場として整備するため宮内庁が買い上げ取り壊されることになりました。しかし壁画に描かれている一室だけは、天皇の行幸跡であったため保存運動が起こり、東京新宿区の国鉄敷地内に移築。そして大正11年に神戸市にある川崎造船所創業者である川崎家に移築されて「六英堂」と命名されました。この名前は、岩倉具視、三條実美、西郷隆盛、大久保利通、木戸孝允、伊藤博文の明治維新の六英傑が、この部屋にたびたび集まったことに由来しています。この「六英堂」が、昭和52年に西宮神社境内に移築されたのです。

「枢密院憲法会議」で描かれている部屋は、聖徳記念絵画館からほど近い明治記念館に「金鶏の間」として残っています。憲法草案が審議された赤坂仮皇居の別殿は、明治40年に初代枢密院議長の伊藤博文に下賜されて「恩賜館」と命名されます。これが大正7年、明治神宮外苑に移築されて憲法記念館となり、戦後名称を変えて明治記念館となりました。この明治記念館の本館にある金鶏の間は、現在、結婚式場やレストランとして利用されています。

「下関講和談判」で描かれている部屋は、山口県下関市にある老舗のふぐ料亭「春帆楼」です。「春帆楼」という名前は、この下関講和談判のとき首相を務めていた伊藤博文が名付けたもので、彼はこの料亭を愛好していました。今、この部屋は春帆楼の隣接地に開館した「日清講和記念館」において、当時の調度品などもそのままに保存されています。

3点で知る
イメージされた壁画

① ② ③

① 初雁の御歌　40
② 日清役黄海海戦　59
③ 振天府　65

　80点の壁画には、歴史の一場面を正確に再現することが求められていました。このために尽力したのが、「枢密院憲法会議 (50)」の画家でもある二世五姓田芳柳です。彼は、80点の画題すべてについて、再現に役立つ考証図を描き、多くの画家がこれを参考にしました。しかし、この考証図をあまり重視せず、画家個人のイメージで描きあげられた壁画もあります。

「初雁の御歌」は、明治11年に行われた明治天皇の北陸・東海道巡幸の際に、行在所に届けられた皇后が天皇をお偲びになった御歌を画題としたものです。二世五姓田芳柳は、この考証図として、赤坂仮皇居の建物を中心に描きました。しかし画家の鏑木清方は、皇后が天皇をお偲びしつつ庭を散策される姿をイメージして、皇后と女官を大きくする構図としています。美人画の名手であった鏑木清方らしい着想といえるでしょう。

「日清役黄海海戦」は、迫力ある海戦を描いた壁画で、きわめて史実に忠実であるかのように思えますが、画家の太田喜二郎は「実際にはこんな状況にはならない」と自ら認めています。というのは、これほど狭い海域にこれだけ多くの軍艦が密集することは、あり得ないからです。しかし、これくらい軍艦を描いたほうが、壁画の構図として優れている——そんな着想ゆえの作品です。

「振天府」は、一目で画家の川村清雄がイメージした作品だとわかるでしょう。彼は自分の壁画が掲げられる場所に案内されたときに、この構図を思いついたといわれています。平成24年に江戸東京博物館で「維新の洋画家 川村清雄」という特別展が開催されたときには、同館で「振天府」をPRした影響もあり、この壁画を見るために多くの人が聖徳記念絵画館に来館しました。「振天府」は、今、もっとも注目されている壁画のひとつです。

3点で知る
巨匠、若き日の作品

① 岩倉大使欧米派遣　21
② 大嘗祭　22
③ 侍講進講　30

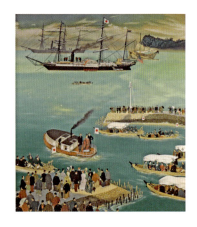

　聖徳記念絵画館では、晩年、巨匠と呼ばれた画家が、若き日に手掛けた作品を見ることができます。

　「岩倉大使欧米派遣」は、山口蓬春が41歳のときの作品です。東京美術学校の西洋画科に入学するも、後に日本画科に転科。これを首席で卒業した蓬春は、西洋画の要素を日本画に導入した作風で「三熊野の那智の御山」などの作品を描きました。当初、蔦屋龍岬がこの画題を担当することになっていましたが、急逝したため蓬春が担当しています。

　山口蓬春と同様、代役としてその名を絵画館に残したのが、「大嘗祭」を描いた前田青邨です。この画題も、吉川霊華が担当することになっていましたが、急逝したため青邨が担当。「洞窟の頼朝」などの歴史画や、「紅白梅図」などの風景画に多数の傑作を残した前田青邨が、48歳のときの作品です。

■■■ 3点で知る幕末・明治と壁画秘話 ⑩

「侍講進講」は、堂本印象が42歳のときの作品です。西陣織の図案工房で働いた後、京都市立絵画専門学校（現在の京都市立芸術大学）に入学して頭角を現した印象は「華厳」などの傑作を発表。京都の大徳寺や仁和寺などの襖絵や壁画なども多数手掛けました。なお堂本印象は、自分の美術館を自らデザインして故郷の京都に設立し、現在は京都府に寄贈されて京都府立堂本印象美術館として開館しています。また山口蓬春も旧宅があった神奈川県葉山町に山口蓬春記念館があります。前田青邨も出身地の岐阜県に中津川市青邨記念館がありましたが、平成27年6月に閉館。同館にあった青邨の作品は、中津川市苗木遠山史料館で随時行われる企画展で見ることができます。

　山口蓬春は昭和40年に、前田青邨は昭和30年に、堂本印象は昭和36年に、それぞれ文化勲章を受章しています。

3点で知る
広告デザイナーとしての画家

① ② ③

① 御深曾木 2
② 大阪行幸諸藩軍艦御覧 14
③ 日露役日本海海戦 71

　明治から昭和初期にかけて活躍した画家の多くは、生活の足しにとポスターや挿絵を手掛けています。今でいう「広告デザイナー」のような役割を果たしていたわけですが、3点の壁画からそんな画家たちの横顔をご紹介しましょう。
　「御深曾木」を描いた北野恒富は、色気のある女性を描くのが得意な画家でした。当時、女性の口元を描く場合、閉じて描くのが普通でしたが、恒富はやや開いた状態で描きます。こういった描写の影響もあり彼の美人画は評判となり、数々のポスターで使用されました。昭和4年、北野恒富が女性を描き、与謝野晶子が文章を書いた大阪高島屋のポスターは、街頭に貼るとすぐに盗まれたという逸話が残るほどの人気でした。「御深曾木」では、美人の顔をストレートには描いていませんが、御簾の向こう側の女性に恒富らしい色香が感じられます。
　「大阪行幸諸藩軍艦御覧」を描いた岡田三郎助も美人画を得意とし、三越の

3点で知る幕末・明治と壁画秘話 ⓫

ポスターなどにその絵が使われています。また、雑誌『主婦之友』の表紙や、付録になったカレンダーの絵でも人気となりました。彼は、洋画家でありながらこの日本画の画題を担当。絵の具など日本画の画材を用いて描いていますが、パステルのような明るい色彩は洋画のような趣です。

「日露役日本海海戦」を描いた中村不折は、夏目漱石の『吾輩は猫である』の挿絵を手掛けたことで有名です。また書家としても名高く、今でも使われている「新宿中村屋」や「神州一味噌」のロゴも彼が手掛けたものです。不折はこうした挿絵やロゴの仕事で得たお金を身なりなどに使わず、書道に関する資料収集に費やしました。東京都台東区にある「書道博物館」は、中村不折が中国や日本で集めた書道に関する古美術、考古出土品を収蔵した日本唯一の書道に関する博物館です。

3点で知る

3作描いた画家、小堀鞆音

① ② ③

① 二条城太政官代行幸　9
② 東京御着輦　17
③ 廃藩置県　20

　聖徳記念絵画館の80点の壁画は、「ひとりの画家が、ひとつの作品を受け持つ」という原則のもと、画家の選定作業が行われました。しかし、奉納者が地縁などによって画家を推薦するケースが相次ぎ、これに画家たちによって構成された壁画調整委員会が反発。結果として、同委員会の川合玉堂、横山大観、下村観山の3人が辞任することになります。大家である3人が辞任したことにより、日本画は、この巨大壁画を描き得る人材が不足。そこで、小堀鞆音、結城素明、近藤樵仙の3人が複数作を担当することになりました。

　そのなかでも唯一、3作品を担当したのが小堀鞆音です。壁画調整委員会に名を連ね年長者でもあった彼は、横山大観らが辞任したことの責任も感じていたのでしょう。ひとつでも難題であるこの壁画を3点制作することに挑んだのです。

　こうして彼の作品として収められたのが、「二条城太政官代行幸」「東京御

3点で知る幕末・明治と壁画秘話

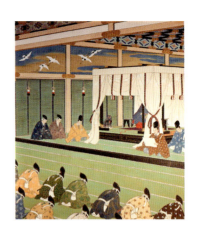

着輦」「廃藩置県」です。ただ、彼が生前に完成させたのは「廃藩置県」だけでした。昭和6年10月にこの作品が奉納されると、その直後に享年67で小堀鞆音は亡くなります。この後を継いだのが、息子の小堀明でした。彼は、弟である安雄の助けを得ながら、鞆音が生前に残していた下図をもとに残り2作品を完成させたのです。このため、「廃藩置県」の色使いは、他の2作品と多少異なっています。ただ3点ともに、絵の具の使い方が上手く、他の壁画よりも劣化に強いという修復技術者からの高評価を得ています。

　この小堀鞆音と明のように、壁画の制作途中で命を落とし息子がその遺志を継いだ例は他にも見られます。「陸海軍大演習御統監（54）」を描いた長原孝太郎も、壁画の制作途中に急死。このため息子の長原担が、洋画家・田辺至（「不豫（79）」を担当）の指導を受けて、これを完成させています。

3点で知る

知られざる画家の交友録

① 江戸開城談判　13
② 神宮親謁　19
③ 条約改正会議　46

　絵画館の壁画を描いた76人の画家のなかには、意外な縁を持つ人物がいます。
「江戸開城談判」（及び「内国勧業博覧会行幸啓（38）」）を描いた結城素明は、同壁画に描かれている勝海舟に幼名を付けてもらったという縁があります。明治8年に生まれた結城素明は、幼名を森田貞松といいましたが、この「貞松」と名付けたのが、勝海舟でした（その後、貞松は10歳のときに親戚の結城彦太郎の養子となり、「結城」姓となっています）。勝海舟は明治32年に享年77で逝去しますが、素明はこの直前に勝に会っていました。この壁画には、その体験が反映されているのでしょう。

「神宮親謁」を描いた松岡映丘は、民俗学者として名高い柳田国男の実弟です。松岡映丘（本名、輝夫）は、医師であり儒学者でもあった父のもと、八男として生まれます。上に7人の兄がいて、次男、四男、五男は若くして亡くなるも、

長男は家を継いで医師で町長、三男は歌人の井上通泰、六男は民俗学者の柳田国男、七男は言語学者の松岡静雄という優秀な兄たちの下で育ちます。松岡映丘もこの血を受け継ぎ、東京美術学校を首席で卒業し、同校の教授を務め、画壇の傍流となっていた大和絵を再興するなど、大きな足跡を残しました。

「条約改正会議」を描いた上野広一は、歌人・石川啄木と盛岡の高等小学校以来の友人で、彼の仲人も務めています。また同じく同郷であった原敬からは、金銭的援助を受けています。上野広一は、皇族や財界人の肖像画を多数手掛けましたが、彼が描いた原敬、西園寺公望、伊藤博文などの5作品は、憲政記念館に所蔵されています。憲政記念館は、議会制民主主義を広報するために昭和47年に開館。建物がある千代田区永田町の同地は、桜田門外の変のとき、大老であった井伊直弼の屋敷があった場所としても知られています。

3点で知る

画家、最期のドラマ

① 中国西国巡幸長崎御入港　23
② 能楽御覧　39
③ 対露宣戦御前会議　68

　76人もの画家が、数年から十数年かけて描いた聖徳記念絵画館の壁画には、画家の最期にまつわるドラマも数多くあります。

　「中国西国巡幸長崎御入港」を描いた山本森之助は、印象派の風景画を得意とした洋画家でした。そんな彼がこの日本画の画題に取り組んだのは、彼が長崎出身で、この壁画の奉納者である長崎市から推薦されたためです。森之助は、この壁画を描くために7カ月間、長崎に滞在して、明治天皇がこの地に到着されたであろうときの風景を写生するなど入念に準備を重ね、現在の東京都杉並区に画室を新築して制作に没頭しました。彼は、虚弱な体から力を振り絞って制作を進め、昭和3年12月、51歳のときにこの壁画を完成させました。しかし、そのわずか10日後に急逝します。まさに、命を削って描いた壁画といえるでしょう。このように壁画の完成後、間もなく死去した画家には、「中国西国巡幸鹿

児島着御 (24)」を描き上げた1年半後に亡くなった山内多門もいます。

　特別な死因でこの世を去った画家もいます。「憲法発布観兵式行幸啓 (52)」を描いた片多徳郎は、後に精神を病んで自殺。「能楽御覧」を描いた木島桜谷は、電車事故によって急逝しました。

　壁画の作者として名を残すことなく死んだ画家もいます。「対露宣戦御前会議」の作者は吉田苞ですが、もともとこの絵は、岡山県の洋画家・児島虎次郎が依頼されたものでした。虎次郎は、自邸内に会議が行われた宮中御座所の模造建築を造って、襖や欄間なども正確に配し、石膏で出席者の半身像も作り、これに服も着用させ万全の準備を整えました。しかし、いざ描くぞという状況になった昭和4年3月に急逝したのです。そこで、虎次郎と同郷であった吉田苞が、後を引き継ぎこの壁画を完成させました。

3点で知る
壁画を保存、修復するということ

① 軍人勅諭下賜　45
② 歌御会始　53
③ 内国勧業博覧会行幸啓　38

　聖徳記念絵画館の壁画群は、今でも完成当時と変わらない姿で鑑賞できますが、この背景には壁画保存のための創意工夫と苦難がありました。

　壁画の保存に関して、まず名前を挙げるべきは「軍人勅諭下賜」を描いた寺崎武男です。彼は、絵画館プロジェクトを進める明治神宮奉賛会から依頼を受けて3年間渡欧し、絵画の修繕方法の習得に尽力します。当時の日本には「絵画の保存」という概念を持った人物は皆無で、寺崎はこの分野のパイオニアといえます。絵画館の画室は、ベルサイユ宮殿の「戦場の間」と、ルーブル美術館の「ルーベンスの間」を模して造られていますが、これは壁画を永遠に保存することを念頭にした寺崎の主張が活かされたためです。

　「歌御会始」を描いた山下新太郎は、実家が表具屋（布や紙を貼って巻物や屏風などを仕立てる仕事）だったこともあり、早くから日本画の修復技術を

習得。渡欧して絵画保存の研究を行い、戦前から洋画の保存作業を手掛けた唯一の人物です。息子である登は、絵画修復の専門家になり父とともに壁画保存に尽力。壁画が黴びるという事態が起こったときも、原因を突き止め修復したのは、この登でした。現在、絵画館の壁画修復を手掛けているのは、新太郎と登の研究者で、彼らの技術は今でも継承されています。

　戦後の一時期、絵画館はGHQ（連合国軍最高指令官総司令部）に接収されていましたが、このとき酔った米軍兵によってナイフで傷つけられた壁画が「内国勧業博覧会行幸啓」です。この修復は、この絵を描いた結城素明の弟子が担当しますが、修復部分は絵の具が厚くなっているので、どうしても他より力がかかって早く割けてきます。傷ついた絵画の修復は、一度で終わるものではなく、永遠に手当てをする必要があるのです。

スタッフが好きな③点

聖徳記念絵画館のスタッフと、本ガイドブックの制作メンバーが好きな壁画を3点選んでみました。読者のみなさまにも、好きな3点ができますように！

● 藤井正弘（明治神宮外苑聖徳記念絵画館 副館長）

①
御深曾木（2）

②
徳川邸行幸（31）

③
広島予備病院行啓（61）

①は、女官を御簾越しに描くことで神秘性を表現し、御簾のない画面に目を誘導する仕掛けが匠！ ②は、明治天皇（中央）と徳川昭武（左）の両家の円満な関係を満開の桜で表現しつつも、巧みに目線を人物へと誘導しています。③の高い天井は、傷病者の重苦しさを軽減させる構図。さらに布団や傷病者に使用している白よりも、昭憲皇太后のお顔をさらに白くして、自ずと見る者の目線を引き付けている。3点とも、見る者の目線を誘導することに成功しています。

● **斉藤 恵**（明治神宮外苑聖徳記念絵画館 元職員）

御深曾木（2）

大総督熾仁親王京都進発（10）

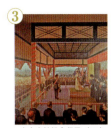
赤十字社総会行啓（67）

①は、御簾の立体感やひもの結び目など「どうやって描いたの？」と見るたびに驚嘆、感心しています。②は、まさに「KYOTO BOYS COLLECTION」。ランウェイを思わせる兵士の行列は、装束もカワイイ。③は、慈愛に満ちながらも、凛とした佇まいの昭憲皇太后のお姿を見るたびに気持ちが引き締まります。

● **石井智裕**（明治神宮外苑聖徳記念絵画館 元職員）

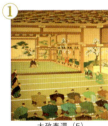
大政奉還（5）

奥羽巡幸馬匹御覧（35）

華族女学校行啓（48）

①は、拝観者に「教科書の挿絵に使われている」と説明すると「見たことがある」と納得して喜んでいただけるので。②は、天皇の御前で馬をひいた人が、子孫たちに自慢しただろうと想像すると楽しくなります。③は、若い女性たちの頬のラインがかわいらしいと思います。

● 尾上晃二（明治神宮外苑聖徳記念絵画館 職員）

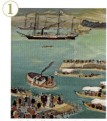
岩倉大使欧米派遣（21）

西南役熊本籠城（37）

歌御会始（53）

①の絵葉書を、海外へ旅立つ友人にプレゼントしたらとても喜ばれました。私自身も岩倉たち使節団のチャレンジ精神に励まされています。②は合戦の迫力もさることながら、西南戦争で蜂起した西郷隆盛ら士族たちの悲哀が強く感じられ胸にズシンときます。③は明治天皇と昭憲皇太后お二人の顔の凛々しさ、とくに明治天皇がこちら（拝観者）をじっと見ているかのような佇まいが、とても印象的で好きです。

● 佐藤保彦（明治神宮外苑聖徳記念絵画館 職員）

大嘗祭（22）

日露役奉天戦（70）

樺太国境画定（75）

①は、色彩感に乏しい俯瞰的図法が、80点の中では極めて異色な存在でおもしろい。②は、レンガの一つひとつや人物描写が細密で躍動感がみなぎり、3D画像の飛び出してくるような感覚がよい。③は、新印象主義の西洋の画家を思わせる厚塗りの点描技法が、80点の中では個性的で心に残る。

●打越孝明（明治神宮国際神道文化研究所／主任研究員）

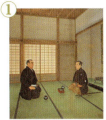 ① 江戸開城談判（13）

 ② 大嘗祭（22）

 ③ 御練兵（29）

①は、静の構図とは裏腹に、江戸城開城という一大事を決する勝海舟と西郷隆盛の緊張感が伝わってきて、素晴らしい。②は、白を用いて夜の闇を表現しようとした前田青邨の着想に驚かされる。③は、若々しく精悍なお顔付きの明治天皇が印象的。

●岡部敬史（有限会社SPOON BOOKS代表／本書編集スタッフ）

 ① 大阪行幸諸藩軍艦御覧（14）

 ② 岩倉邸行幸（47）

 ③ 大婚二十五年祝典（57）

①は、船に乗っている人の心地よさが伝わってくるところが大好きです。②は氷の魅力。4つ置かれたこの氷がいろんなことを物語ってきます。③は、赤の色の素晴らしさ。絵画館の壁画にはいろんな赤がありますが、この赤がいちばん好みです。

明治神宮外苑（めいじじんぐうがいえん）

明治神宮外苑は、明治天皇とその皇后である昭憲皇太后の聖徳を後世に伝えるため、大正15年（1926年）に、国民の献金によって創建された神苑です。中心施設となる聖徳記念絵画館のほか、憲法記念館（現明治記念館）などの記念建造物と、陸上競技場（現国立競技場）・神宮球場・相撲場などのスポーツ施設が造成されました。創建から終戦までは国の施設として管理され、戦後は宗教法人明治神宮の外苑として国の管理をはなれ、独自の事業収入により諸施設の管理運営を行い現在に至っています。

聖徳記念絵画館オフィシャルガイド ～幕末・明治を一望する～

2016年9月1日　第1刷発行
2024年11月20日　第4刷発行

明治神宮外苑　編

発行者　渡辺能理夫
発行所　東京書籍株式会社
　　　　　〒114-8524 東京都北区堀船2-17-1
　　　　　03-5390-7531（営業）
　　　　　03-5390-7500（編集）

編集協力　岡部敬史（有限会社 SPOON BOOKS）
デザイン　佐藤美幸（keekuu design labo）
カバー写真　中島弘人

印刷・製本　株式会社リーブルテック

ISBN978-4-487-81044-4 C0021
Copyright © 2016 by MEIJIJINGU GAIEN
All rights reserved.Printed in Japan

出版情報　https://www.tokyo-shoseki.co.jp
乱丁・落丁の場合はお取り替えいたします。

※本書の無断転載を禁じます。
※本書に掲載されている写真、絵画の著作権はすべて明治神宮外苑聖徳記念絵画館が保有しています。
※本書の内容に関するお問い合わせは明治神宮外苑聖徳記念絵画館までお願いします。
　所在地：〒160-0013　東京都新宿区霞ヶ丘町1番1号／TEL：03-3401-5179